용선생 교과서 세계사

1

저자 소개

글 송용운 | 사회평론 역사연구소 연구원
연세대학교에서 경제학을 공부하고, 같은 학교 대학원에서 한국 중세사를 전공했습니다. 대학에서 강의하면서 '교육'에 대해 고민하기 시작했습니다. 『용선생의 시끌벅적 한국사』, 『용선생 만화 한국사』, 『용선생 교과서 한국사』(이상 공저) 등을 썼습니다.

글 김언진 | 사회평론 역사연구소 연구원
국어교육을 전공했고, 초·중등학생을 대상으로 국어 및 독서 논술 교재 콘텐츠를 연구 개발했습니다. 어린이책을 만들며 교육에 대한 오랜 꿈을 이뤄가고 있습니다. 『용선생이 간다』, 『용선생 15분 세계사 독해』(이상 공저)를 썼습니다.

글 길병민 | 서울 목일중학교 교사
고려대학교에서 역사교육과 지리교육을 전공하였습니다. 어떻게 해야 아이들이 역사를 조금 더 쉽고 재밌게 배울 수 있을지를 고민하며 현재 같은 학교 대학원에서 역사 교과서와 교육과정에 대해 연구하고 있습니다.

글 한승준 | 서울 개웅중학교 교사
고려대학교에서 역사교육을 전공하고 현재 중학교에서 학생들을 가르치고 있습니다. 유튜브 채널 '안녕역사'를 통해 더 많은 학생들에게 쉽고 재미있는 수업을 하고자 노력하고 있습니다.

글 김보미 | 서울대학교 사회학과 박사 수료
서울대학교 대학원에서 사회사/역사사회학을 공부했습니다. 먼 옛날 먼 나라의 역사가 오늘의 우리를 빚어냈다는 데 매력을 느낍니다. 어린이들이 역사를 통해 더 넓은 세상을 접할 수 있기를 희망합니다.

글 정엄지 | 한국예술종합학교 예술사
한국예술종합학교에서 문학을 공부했습니다. 역사 속 인물들의 이야기를 오늘날 우리가 살아가는 시대와 연결지어 글을 쓰고 있습니다.

그림 뭉선생
2006년 LG·동아 국제 만화 공모전 극화 부분 당선으로 작품 활동을 시작하였습니다. 『우주를 여는 열쇠』, 『용선생 만화 한국사』, 『용선생 처음 한국사』, 『용선생 교과서 한국사』 등을 그렸습니다.

감수 전국초등사회교과모임
전국 초등학교 선생님들이 모여 활동하는 교과 연구 모임입니다. 역사, 사회, 경제 수업을 연구하고, 학습 자료를 개발하며, 아이들과 박물관 체험 활동을 해 왔습니다. 『용선생의 시끌벅적 한국사』, 『용선생 교과서 한국사』, 『옹주의 결혼식』, 『서찰을 전하는 아이』, '웅진 사회학습 만화 Think' 시리즈의 감수를 맡았습니다.

캐릭터 이우일
이 책의 캐릭터는 이우일 작가가 그린 『용선생의 시끌벅적 한국사』의 그림입니다.

용선생 교과서 세계사

문명의 탄생부터 신항로 개척까지

1

글 사회평론 역사연구소
그림 뭉선생
감수 전국초등사회교과모임
캐릭터 이우일

사회평론

책의 구성과 활용법

세계사도 용선생의 강의로 쉽고 재미있게

안녕, 세계사도 용선생과 함께 쉽고 재미있게 풀어 가 보자.

너희들 중학교에서는 세계사를 한국사보다 먼저 배운다는 걸 알고 있니? 초등학교에는 세계사 내용이 아예 없는데, 갑자기 세계사가 나오니까 아이들이 다들 당황해 하더라고. 시작하자마자 메소포타미아, 옥타비아누스처럼 낯선 말들이 나오니까 그럴 수밖에. 게다가 유럽 이야기 하다가 갑자기 중국 이야기를 하고, 내용도 너무 많아서 흐름을 잡기가 힘들다는 거야!

그래서 이 용선생이 중학교 세계사가 어렵지 않도록 어려운 용어와 개념을 친절히 소개하고, 흐름이 쉽게 잡히도록 핵심 사건들을 중심으로 책을 구성했어. 책의 전체 구성은 중학교 교과서가 낯설지 않도록 중등 교과 과정을 따르고 있지. 중요한 용어는 붉은색으로 표시해 뒀으니 한 번 더 읽어 보도록 해. 그리고 가장 중요한 핵심어들은 [교과서 핵심어]라고 표시해 뒀으니 이 단어들은 꼭 기억해 두자.

지도 위에 펼쳐지는 세계의 역사

'한국사도 어려운데 세계사까지?' 라고 생각했는데, 완전 나의 착각이었지 뭐야.
훨씬 더 넓은 지역에서 다양하고 많은 이야기를 만나니 몇 배는 더 재밌더라고.

그런데 이렇게 재밌는 세계사를 배우는 데 딱 하나 걸리는 게 있어.
이 사건이 인도에서 있었던 일인지, 중국에서 있었던 일인지.
또 중앙아시아, 서유럽 그러는데 그건 도대체 어디를 말하는지.
이런 게 어려워서 재미있는 세계사가 싫어질 뻔한 거 있지?

그래서 용선생님이 아주 친절하게 지도를 보여주시며 설명을 해 주시더라고.
'읽기 전에 미리 보는 세계 지도'를 매일 보면서 대륙과 바다를 익히고,
주요 사건마다 나와 있는 지도를 계속 보다 보니 나중에는 머릿속에 세계 지도가 그려지더라고!
처음에는 '지도가 왜 이렇게 많아?' 했는데, 나중에는 지도만 봐도 사건이 떠올랐지.

아이들의 호기심은 물론, 깊이 있는 내용과 한국사 연계까지 담은 정보 박스

선생님 이야기를 듣다 궁금한 것들이 있더라고.
그래서 책 옆쪽에 내 질문이랑 선생님의 답을 모아 두었어.
또 완전 딴나라 이야기인 줄 알았는데, 그게 알고 보니 우리나라 역사와도 연결이 되어 있더라고.
'질문 있어요!', '세계사 더 읽기', '세계사 속 한국사'까지 코너들만 모아 봐도 공부가 될 정도야.

누나! 가장 중요한 코너를 빠뜨렸잖아.
바로 내가 소개하는 '곽두기의 용어 사전' 말이야.
세계사 책에는 어려운 말들이 많아서 책 읽기가 어렵다는 친구들이 많은데,
말뜻을 알고 나면 사건의 내용까지도 쉽게 정리가 되더라고.
세계사에는 한자어 외에 영어나 프랑스어, 그리스어에서 온 말들도 많은데
이런 말들도 걱정 말고 이 곽두기만 믿으라구!

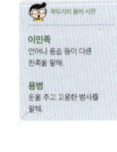

중학교 세계사까지 대비할 수 있는
정리 노트와 확인 문제

책을 열심히 읽었는데, 내용이 정리가 안 된다는 친구들이 있더라고.
걱정 마. 용선생님의 수업을 열심히 듣고 주요 내용만 뽑아서 내가 정리했거든.
내가 만든 세계사 노트를 보면서 앞의 내용들을 한 번 더 떠올려 보면 좋아.

수재의 노트까지 봤다면 내가 준비한 문제들로 확인까지 해 보길 바라.
읽을 때는 다 아는 것 같았는데, 막상 문제를 보니까 생각이 안 난다고?
괜찮아. 앞의 내용을 다시 찾아보는 것도 공부에 도움이 되니까
겁내지 말고 찾아 보자.

문제 풀기가 끝나면 재밌는 만화가 우리를 기다리고 있어!
역사의 뒷이야기, 유명한 문학 작품들도 소개하고 있다니까
꼭 챙겨 봐야겠지?

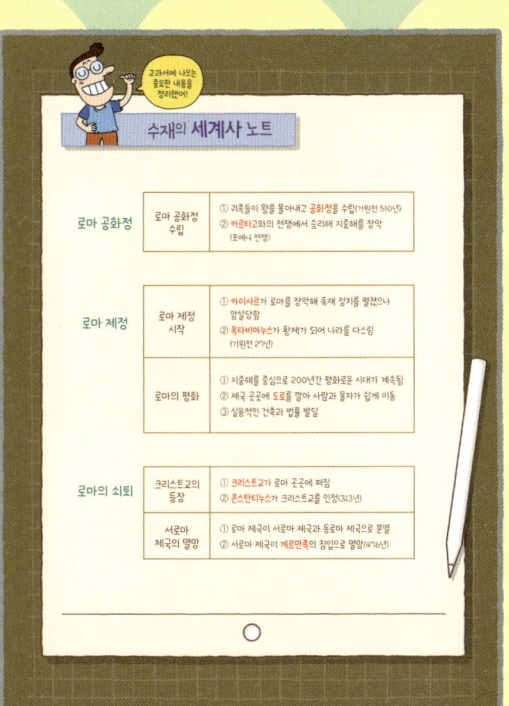

읽기 전에 미리 보는 세계 지도

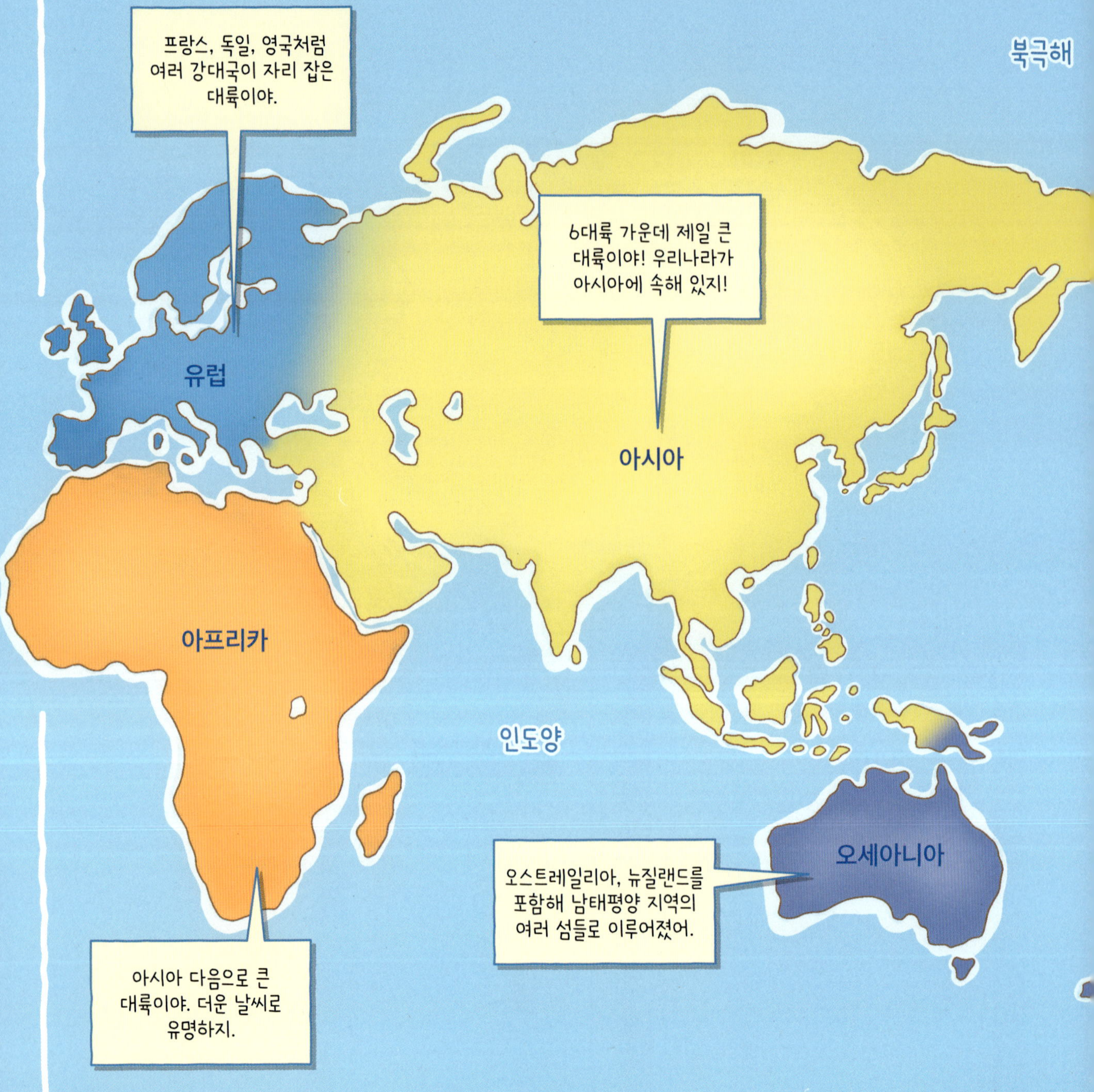

프랑스, 독일, 영국처럼 여러 강대국이 자리 잡은 대륙이야.

6대륙 가운데 제일 큰 대륙이야! 우리나라가 아시아에 속해 있지!

북극해

유럽

아시아

아프리카

인도양

오스트레일리아, 뉴질랜드를 포함해 남태평양 지역의 여러 섬들로 이루어졌어.

오세아니아

아시아 다음으로 큰 대륙이야. 더운 날씨로 유명하지.

차례

01
문명이 발생하고 거대한 나라가 등장하다

교과 연계

초등학교 사회 6-2
1. 세계 여러 나라의 자연과 문화

중학교 역사 ①
I. 문명의 발생과 고대 세계의 형성

1 세계의 선사 문화와 고대 문명 014
- 수재의 세계사 노트 029
- 세계사 능력 시험 030
- 만화 세상에서 가장 오래된 이야기, 『길가메시 서사시』 032

월 일

2 중국을 통일한 진나라와 한나라 034
- 수재의 세계사 노트 049
- 세계사 능력 시험 050
- 만화 시황제의 마지막 꿈, "불로초를 찾아라!" 052

월 일

3 페르시아와 그리스의 대결 054
- 수재의 세계사 노트 069
- 세계사 능력 시험 070
- 만화 스파르타 300명의 결사대 072

월 일

4 지중해 세계를 지배한 로마 074
- 수재의 세계사 노트 089
- 세계사 능력 시험 090
- 만화 잃어버린 도시, 폼페이 최후의 날 092

월 일

02 종교를 중심으로 지역 문화가 형성되다

교과 연계

초등학교 사회 6-2
1. 세계 여러 나라의 자연과 문화

중학교 역사 ①
I. 문명의 발생과 고대 세계의 형성

1 여러 종교가 어우러진 인도 문화 — 096
　수재의 세계사 노트 — 111
　세계사 능력 시험 — 112
　만화 인도 라마의 대모험 『라마야나』 — 114

월 일

2 당나라를 중심으로 형성된 동아시아 문화 — 116
　수재의 세계사 노트 — 131
　세계사 능력 시험 — 132
　만화 손오공을 떨게 한 요괴 우마왕 — 134

월 일

3 이슬람 제국이 동서 교역을 장악하다 — 136
　수재의 세계사 노트 — 151
　세계사 능력 시험 — 152
　만화 목숨을 건 메카 탈출, 헤지라 — 154

월 일

4 크리스트교와 유럽 문화 — 156
　수재의 세계사 노트 — 171
　세계사 능력 시험 — 172
　만화 십자군의 라이벌, 리처드 vs 살라딘 — 174

월 일

03 동서 교류를 통해 발전을 이룩하다

교과 연계

초등학교 사회 6-2
1. 세계 여러 나라의 자연과 문화

중학교 역사 ①
I. 문명의 발생과 고대 세계의 형성

1 유라시아 대륙을 지배한 몽골 제국 — 178
　수재의 세계사 노트 — 193
　세계사 능력 시험 — 194
　만화 대초원의 왕, 칭기즈 칸의 어린 시절 — 196

월 일

2 중국 문화의 절정, 명나라와 청나라 — 198
　수재의 세계사 노트 — 213
　세계사 능력 시험 — 214
　만화 강희제와 삼번의 난 — 216

월 일

3 인도와 서아시아의 화려한 제국들 — 218
　수재의 세계사 노트 — 233
　세계사 능력 시험 — 234
　만화 샤 자한과 타지마할 — 236

월 일

4 유럽이 새로운 세상에 눈을 뜨다 — 238
　수재의 세계사 노트 — 253
　세계사 능력 시험 — 254
　만화 레오나르도 다빈치와 최후의 만찬 — 256

월 일

한눈에 보는 세계사 연표 258　　찾아보기 266
정답 및 해설 260　　사진 제공 268

01

문명이 발생하고 거대한 나라가 등장하다

교과 연계

초등학교 사회 6-2 1. 세계 여러 나라의 자연과 문화
중학교 역사 ① I. 문명의 발생과 고대 세계의 형성

1. 세계의 선사 문화와 고대 문명
2. 중국을 통일한 진나라와 한나라
3. 페르시아와 그리스의 대결
4. 지중해 세계를 지배한 로마

1 세계의 선사 문화와 고대 문명

세계사의 '언제', '어디서'

안녕! 나는 역사반 용선생이야! 이제부터 인류의 첫 출발부터 오늘날에 이르기까지 수천 년의 세계사 여행을 함께할 거야.

세계사 여행을 떠나기 전에 알려 주고 싶은 게 있어. 세계사 책을 읽을 때 사건이 언제 어디서 일어났는지를 알면 쉽게 이해가 돼. 그래서 '언제', '어디서'를 알 수 있는 기본적인 방법들을 알아두면 공부에 크게 도움이 될 거야.

세기
백 년씩 시간을 쪼갠 단위

오래전에 일어난 수많은 일을 모두 정확한 연도로 표현할 수는 없어. 그래서 '세기'라는 단위를 사용해 대략적인 연도를 나타내기도 하지. 세기는 연도를 백 년씩 묶은 단위야. 1년에서 100년 사이를 1세기, 101년에서 200년 사이를 2세기, 201년에서 300년 사이를 3세기라고 하는 거지.

자, 그렇다면 여기서 퀴~즈!

현재 우리는 몇 세기를 살고 있을까? 2001년부터 2100년까지가 몇 세기인지 잘 생각해 봐! 정답은 21세기야!

기원전-기원후
예수님의 탄생 연도를 기준으로 한 달력

질문 있어요!

다른 기원을 사용하는 나라도 있나요?

종교와 문화에 따라 다른 기원을 쓰기도 해. 불교를 믿는 나라는 석가모니가 사망한 해(기원전 544년)를 기준으로 삼고, 이슬람교 국가에서는 예언자 무함마드가 메카를 떠난 해(기원후 622년)를 기준으로 삼는단다.

역사에서 사건의 시기를 말할 때 기원전과 기원후로 나누어 나타내. 기원전 5세기에 어떤 나라가 세워졌다, 기원후 300년에 누가 왕이 됐다 하는 식이지. 이때 **기원**은 연도를 나타낼 때 시작점이 되는 해를 말한단다.

그렇다면 기원은 무엇을 기준으로 삼았을까? 우리는 예수가 태어난 해를 기원 1년으로 정해 연도를 나타내. 그리고 예수 탄생 연도 이전을 **기원전**, 탄생 이후를 **기원후**로 나눠.

이런 시간 구분은 서양에서 쓰던 방법인데, 서양 사람 대부분이 예수를 믿었기 때문에 예수가 태어난 해가 기준이 된 것이지.

기원후는 우리가 보통 쓰는 연도로 '기원후'라는 말을 생략할 때가 많아. 기원후 2200년은 말 그대로 예수 탄생을 기준으로 2200년 후라는 뜻이지. 그리고 기원전 2200년은 예수님이 태어나기 2200년 전이라는 뜻이야.

여기서 기억할 게 있어! 기원전과 기원후는 연도를 세는 방법이 달라. 기원전은 옛날로 올라갈수록 숫자가 커져! 그래서 기원전 200년은 기원전 100년보다 옛날이 되는 거지. 기원후는 반대로 시간이 흐를수록 숫자가 커진단다.

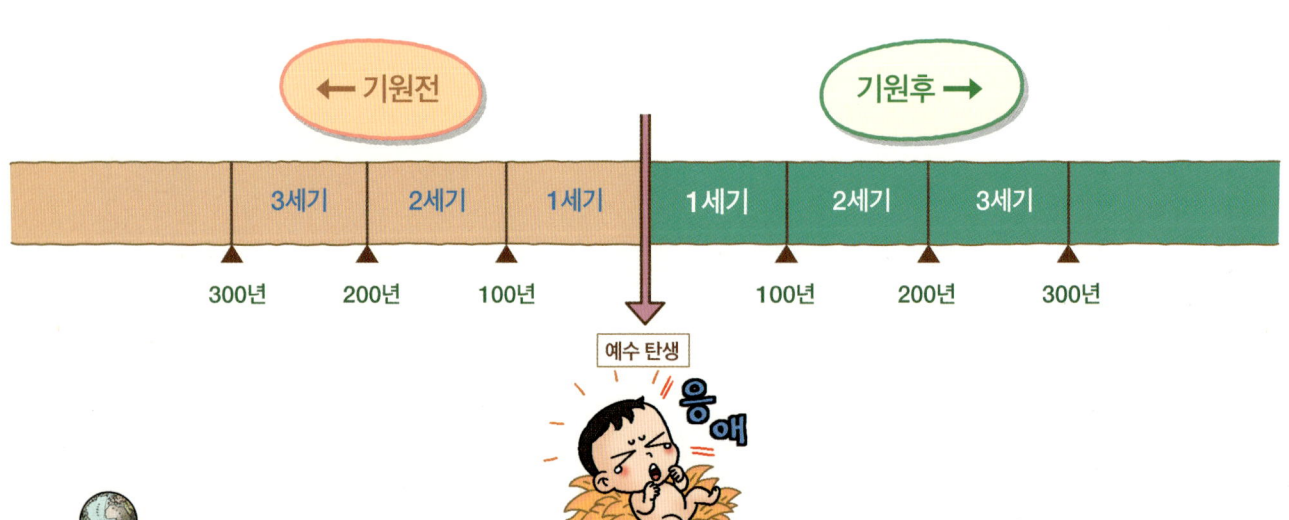

5대양 6대륙
세계 주요 바다와 대륙의 이름

지도를 잘 읽는 건 세계사 공부에 큰 도움이 돼. 모든 나라가 어디 있는지를 외워야 한다는 말은 아니야. 어떤 사건이 대략 어느 지역에서 일어난 일인지만 알아도 세계 역사를 공부하는 데 큰 도움이 된단다.

지구는 너희도 알다시피 바다와 육지로 이루어져 있어. 세계의 바다는 크게 '태평양', '대서양', '인도양', '북극해', '남극해' 5개로 나눠. 그리고 육지는 '아시아', '유럽', '아프리카', '북아메리카', '남아메리카', '오세아니아' 이렇게 6개의 대륙으로 나누지. 그래서 전 세계를 '5대양 6대륙'이라고 부르는 거야.

곽두기의 용어 사전

대륙과 대양
대륙은 아주 큰 땅덩어리를 말해. 아시아, 아프리카, 아메리카 등이야. 대양은 큰 바다를 말하지. 태평양, 대서양, 인도양 등이야.

동서남북
지도를 보는 방향

세계사를 공부하다 보면 동아시아, 서아시아, 남아메리카, 북아메리카와 같이 방향을 나타내는 '동서남북'이 자주 등장해. 이때, 지도에서 '동서남북'을 어떻게 찾을 수 있을까?

지도를 놓고 오른쪽이 동쪽, 왼쪽이 서쪽, 아래쪽이 남쪽, 위쪽이 북쪽이라고 생각하면 아주 쉬워. 동아시아는 아시아 대륙의 오른쪽 지역이고, 북아프리카는 아프리카 대륙의 위쪽 지역을 말하는 거지.

돌도끼를 쓰던 옛날 사람들은 어떻게 살았을까?

▲ 뗀석기

사람들이 지구에 살기 시작한 건 4백만 년도 더 됐대. 보통 사람은 100년도 살기 어려우니 4백만 년은 정말 먼 옛날이지. 수백만 년 전 사람들은 어떻게 살았을까?

사람들은 옛날부터 손을 사용해 도구를 만들었어. 처음에는 돌을 깨뜨려 날카롭게 만들어 도구로 사용했지. 이렇게 돌에서 떼어내 만든 도구를 뗀석기라고 해. 그리고 뗀석기를 사용하던 시기를 오래된 석기 시대라는 뜻으로 **구석기 시대**라고 하지.

구석기 시대 사람들은 동물을 사냥하거나 나무 열매를 따 먹으며 살았어. 그러다 먹을 게 떨어지면 다른 곳으로 옮겨 갔지. 그래서 구석기 사람들은 그럴싸한 집도 지을 필요가 없었어. 동굴이나 간단한 움막을 지어 머물렀지.

그러다 지구의 날씨가 바뀌면서 사람들의 생활 모습도 크게 바뀌었어. 지구가 약 1만 년 전부터 갑자기 따뜻해지기 시작한 거야. 산과 들에는 식물이 쑥쑥 자랐고, 살이 포동포동 오른 동물들이 들판을 뛰어다녔지.

이때쯤 사람들이 쓰던 돌도끼도 모양이 바뀌었어. 돌을 갈아서 쓰면 더욱 날카로운 도구를 만들 수 있었거든. 이렇게 돌을 갈아서 만든 도구를 간석기라고 해. 그리고 간석기를 쓰던 시대를 구석기 시대보다 새로운 시대라는 뜻으로 **신석기 시대**라고 부르지.

신석기 시대와 구석기 시대의 생활 모습은 크게 달랐어. 신석기 시대에 들어 논밭을 갈아 **농경 생활**을 시작했거든! 늘 먹을거리를 찾아 옮겨 다니던 사람들이 이제는 한곳에 머무르며 안정적으로 먹을거리를 얻을 수 있게 되었지.

신석기 시대 사람들은 물을 쉽게 구할 수 있고, 먹을거리도 풍부한 강가 주변에 모여들기 시작했어. 많은 사람들이 강가 주변에 모여 살며 마을을 이루기 시작했단다.

또 신석기 사람들은 고기를 얻기 위해 동물을 길들였어. 동물을 가축으로 길들여서 키우면, 힘들게 사냥하지 않아도 손쉽게 고기를 얻을 수 있었거든. 양, 염소 같은 온순한 동물들은 덩치도 크고 길들이기도 쉬워서 사람들의 마을에 같이 살게 되었지.

> 세계사 더 읽기
>
> **신석기 혁명**
>
> 신석기 시대에 들어 사람들이 농경과 목축을 시작하고 한곳에 머물러 살게 되면서, 인류의 삶이 크게 바뀌었어. 그래서 이 변화를 신석기 혁명이라고도 부른단다.

 **용선생의 한 줄 정리**
옛날 사람들은 돌로 도구를 만들어 사용했어. 신석기 시대에는 농사를 지으며 한곳에 머물러 살기 시작했지.

최초의 문명, 메소포타미아 문명

 세계사 더 읽기

선사 시대와 역사 시대?

역사를 문자 기록이 있는 시대와 없는 시대로 나눌 수도 있어. 문자 기록이 남아 있는 시대를 '역사 시대'라고 해. 그리고 역사 시대 이전, 문자 기록이 남아 있지 않은 시대를 '선사 시대'라고 한단다.

시간이 조금 지나자, 돌을 도구로 사용하던 사람들은 이제 구리나 철과 같은 금속을 도구로 사용하기 시작했어. 금속 도구는 돌도끼와는 비교도 안 될 만큼 정교했지. 농사짓는 기술이 더욱 발달한 것은 물론이고, 큰 건물도 짓고, 곡식과 옷을 바꾸는 시장이 만들어지기도 했어. 도시가 만들어지기 시작한 거야!

최초의 도시는 어디에, 어떤 모습으로 있었을까?

전 세계의 여러 지역 가운데서도 가장 먼저 도시가 발달한 곳은 서아시아의 **메소포타미아**라고 부르는 지역이었어. 메소포타미아는 '두 강 사이의 땅'이라는 뜻인데, 말 그대로 두 개의 큰 강이 흐르는 곳이었지. 사방이 뻥 뚫린 메소포타미아에는 넓은 들판과 풍부한 물이 있었어. 농사짓기에는 그야말로 최고의 조건이었던 거야.

기원전 3500년 무렵, 메소포타미아에는 여러 도시가 만들어졌어. 작은 도시들은 하나의 나라처럼 자기들끼리 법을 정해 도시를 운영했지. 그중 힘센 우두머리가 나타나 스스로 왕이라고 하기도 했어. 아직은 수천 명, 수만 명 정도 규모의 작은 도시지만 돌을 도구로 쓰던 사람들과는 완전히 다른 모습이었지.

메소포타미아의 도시 가운데서도 오늘날 이라크가 있는 **수메르** 지역은 세계사에서 아주 중요한 곳이야. 이곳 사람들이 바로 인류 최초의 '문자'를 남겼기 때문이지.

"자네, 지난번에 나한테 곡식을 빚지지 않았나."
"무슨 소리야, 증거 있어?"

시장이 만들어지자 거래하는 물건들을 기록할 필요가 생겼어. 기록하지 않으면 곧 잊어버리거나 싸움이 나기 마련이니까 말이야. 신에게 제사를 지내는 데 바치는 제물이나 도시의 법도 기록했지.

그런데 아직 종이나 연필 같은 것은 없던 시절이었어. 그럼 사람들은 어디에 문자를 기록했을까? 수메르에는 종이가 없는 대신 진흙이 흔했지. 수메르 사람들은 진흙판을 만들어, 갈대나 금속으로 만든 도구로 꾹꾹 눌러 글씨를 썼어. 이때 쓴 글자들이 뾰족하게 생긴 쐐기 같다고 해서 이 글자를 **쐐기 문자**라고 해.

이렇게 메소포타미아 지역에서는 사람들이 모여 살면서 도시가 생겨나고 문자도 사용하게 되었어. 또 왕이 나타나면서, 점차 국가의 모습도 갖춰 갔지. 이처럼 발전한 생활 모습을 문명이라고 해. 서아시아에 세계 최초의 문명인 ★교과서 핵심어 **메소포타미아 문명**이 나타난 거야!

▲ 쐐기 문자가 새겨진 진흙판

메소포타미아 지역에는 바빌로니아라는 도시가 있었어. 바빌로니아는 주변의 도시들을 정복해 나가더니, **함무라비왕** 때 거대한 나라가 되었지(기원전 1700년대).

그런데 함무라비왕이 정복한 도시들은 서로 법이 달랐어. 어떤 도시에서는 물건을 훔친 사람에게 벌금을 내게 했는데, 또 다른 도시에서는 사형을 시켜 버렸지. 함무라비왕은 큰 나라를 다스리려면 무엇보다 여러 도시가 하나의 법을 따라야 한다고 생각했어.

"바빌로니아의 백성들은 어떤 도시에 사느냐와 상관없이 모두 내가 만든 법을 따라야 하느니라!"

▲ 함무라비 법전이 새겨진 비석

비석에는 함무라비가 태양신에게서 통치 봉을 건네받는 장면이 그려져 있어. 아래에는 280여 개의 법 조항이 빼곡히 새겨져 있지.

'눈에는 눈, 이에는 이'라는 말로 유명한 함무라비왕의 법은 이렇게 만들어졌어. '눈에는 눈, 이에는 이'라는 말은 잘못한 만큼 벌을 받아야 한다는 뜻이야. 함무라비왕은 모든 사람이 볼 수 있도록 큰 돌에 법을 새겨 나라 곳곳에 세웠어. 함무라비왕의 법은 이후 여러 나라의 본보기가 되었단다.

> **용선생의 한 줄 정리**
> 서아시아의 메소포타미아 지역에서 인류 최초의 문명이 시작되었어. 최초의 문자인 쐐기 문자를 만들어 사용했지.

함무라비 법전 주요 내용

196조 귀족의 눈을 멀게 하면 그의 눈도 멀게 한다.

197조 다른 사람의 뼈를 부러뜨린 자는 그의 뼈도 부러뜨린다.

198조 귀족이 평민의 눈을 멀게 하거나 뼈를 부러뜨리면 은화 1미나를 바쳐야 한다.

205조 노예가 귀족의 뺨을 때리면 그의 귀를 자른다.

나일강의 축복, 이집트 문명

기원전 3000년 무렵부터는 다른 지역에서도 문명이 꽃을 피우기 시작했어. 북아프리카에서는 **이집트 문명**이 일어났지. 메소포타미아 문명이 큰 강을 끼고 발전한 것처럼 이집트 문명도 큰 강인 **나일강** 주변에서 만들어졌어.

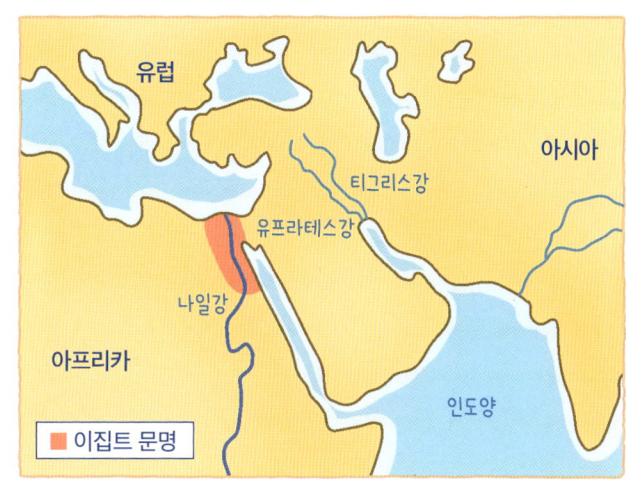

나일강은 세계에서 가장 긴 강인데, 이렇게 길고 큰 강이 사막 한가운데를 흘렀어. 나일강 주변을 조금만 벗어나도 끝없는 사막이 펼쳐졌지.

나일강은 정말 놀라운 강이었어. 일 년에 한 번은 꼭 강이 흘러넘쳐 홍수가 났는데 이 홍수가 난 뒤에는 농사가 잘되었거든. 강 상류에서 곡식이 자라는 데 필요한 영양분을 가지고 흘러 내려와 나일강 주변을 적셨던 거지.

"과연 올해도 나일강이 무사히 깨어날까요?"

"우리도 파라오님과 함께 기도나 합시다."

옛날 이집트에서는 왕을 **파라오**라고 했어. 그런데 신기하게도 파라오가 하늘에 기도를 올리면 홍수가 나 나일강이 흘러넘쳤지. 나일강이 흘러넘쳐야 농사를 지을 수 있었던 이집트 사람들은 파라오를 신처럼 받들었어.

"우아! 나일강이 불어난다! 파라오님, 감사합니다!"

그런데 여기에는 파라오가 백성들을 다스리기 위해 숨겨둔 사실이 있었지.

올해도 곡식이 잘 자라겠구먼~

사실 나일강은 매년 같은 시기에 홍수를 일으켰어. 그런데 백성들은 그 날짜를 알 수가 없었어. 왜냐고? 당시에는 지금과 같은 달력이 없었거든! 지구가 태양을 한 바퀴 도는 데 걸리는 시간 같은 건 아주 복잡한 계산을 해야 알 수 있는 것들이었어. 보통의 백성들은 그걸 계산할 방법이 없었지. 그런데 파라오는 정확한 날짜를 계산해서 그에 맞춰 기도를 올릴 수 있었어.

이집트 사람들은 파라오가 죽더라도 그의 영혼이 다시 살아나 늘 곁에서 자신들을 지켜 줄 것이라고 믿었지. 그런데 죽은 파라오가 부활하려면 살아 있을 때의 몸이 필요하다고 생각했어. 그래서 파라오의 시체를 썩지 않는 미라로 만들었지. 미라는 살아 있을 때와 꼭 닮은 가면을 씌워 무덤인 피라미드 깊숙한 곳에 모셨어.

"파라오여, 저승에 가서도 이집트를 지켜 주소서!"

파라오는 살아서나 죽어서나 이집트 사람들의 신이었던 거야.

용선생의 한 줄 정리

나일강 주변에서 이집트 문명이 시작되었어. 이집트 사람들은 파라오를 신처럼 모셨지.

▼ 기자의 대피라미드(이집트 기자)

인도 문명의 수수께끼

메소포타미아 지역에서 동쪽으로 수천 킬로미터를 가면 지도에서 뾰족한 삼각형 모양으로 튀어나온 큰 땅이 있어. 바로 인도야. 인도에도 기원전 2500년 무렵 **인도 문명**이 탄생했어.

인도 문명 역시 큰 강인 인더스강 주변에서 발달했어. 그런데 기록이 많이 남아 있지 않아서 그 모습을 상상하기가 쉽지 않아. 남아 있는 유물들로 인도 사람들의 손재주가 아주 뛰어났던 건 알 수 있지. 특히 흙으로 만든 그릇이나 인형, 예쁜 장신구는 인기가 많았어. 수천 킬로미터 거리에 있는 메소포타미아 사람들과 교류할 정도였지.

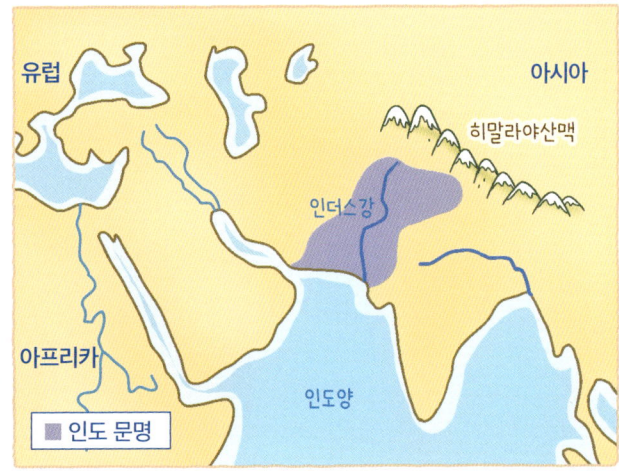

인도는 교역으로 크게 성장했어. 인도는 바다를 통해 메소포타미아나 이집트로 갈 수도 있었고, 인더스강을 따라 중앙아시아로 갈 수도 있었거든.

상업이 발달하면서 큰 도시들도 만들어졌지. 그런데 인도 문명의 도시들은 계획도시라는 특징이 있어. 자연스럽게 사람들이 모여 살면서 만들어진 게 아니라, 계획을 세워 도로와 하수도를 만들고 각종 공중 시설과 주택들이 줄을 맞춰 세워졌지.

대표적인 도시인 **모헨조다로**는 도시 바깥쪽을 성벽으로 둘러싸고, 가운데는 우뚝 솟은 커다란 성을 세웠어. 그리고 사방으로 도로가 시원시원하게 뻗어 있었지. 성안에는 공중목욕탕, 곡물 창고, 회

▲ **그림 문자가 새겨진 인장**
상인들이 사용한 인장이야. 동물과 문자 기호가 새겨져 있어. 물건을 담은 항아리나 상자에 매달아서 누구 것인지를 표시하는 용도로 쓰였다고 추측해.

질문 있어요!

인도 문명 사람들은 어디로 사라진 걸까요?

인도 문명이 발생한 인더스강 유역은 원래 아주 비옥한 땅이었어. 그런데 갑작스러운 기후 변화로 인더스강 주변 대부분이 황량한 사막으로 변해 버렸지. 학자들은 사람들이 기후 변화를 견디지 못하고 살 곳을 찾아 떠났다고 추측하기도 해.

의장 같은 다양한 시설도 자리하고 있었어.

그뿐만이 아니었어. 성 밖을 나와 도로 양쪽을 보면, 반듯반듯하게 지어진 진흙 벽돌집들이 수십 채나 늘어서 있었어. 가지런한 모습이 마치 바둑판 같았지. 길 옆으로는 하수도가 있어 도시의 더러운 물을 도시 밖으로 흘려보냈어. 당시로서는 매우 발달된 도시의 모습이었지.

그런데 모헨조다로는 무슨 일인지 갑자기 버려진 도시가 되어 버렸어. 그렇게 수천 년 동안 땅속에 잠들어 있었지. 기억하는 사람도 없고 기록도 남아 있는 것이 없단다.

용선생의 한 줄 정리
인더스강 주변에서 인도 문명이 일어났어. 대표 도시인 모헨조다로는 잘 계획된 계획도시였지.

동물 뼈에 새긴 중국 문명의 흔적

중국 북쪽에는 황허강이라는 긴 강이 흘러. 황허강은 강물에 흙이 어찌나 많이 섞여 있는지, 온통 누런 흙탕물처럼 보였지. 이 흙에는 식물이 자라는 데 필요한 영양분이 아주 풍부했어. 황허강의 흙이 쌓인 강변에는 씨앗만 뿌려도 곡식이 쑥쑥 자랄 정도로 농사가 잘되었지.

기원전 2500년 무렵, 사람들은 살기 좋은 황허강 근처에 터를 잡고 마을과 도시를 만들었어.

★교과서 핵심어
중국 문명이 탄생한 거야.

그런데 황허강은 홍수를 자주 일으켰어. 한번 큰 비가 내렸다 하면 불어난 강물이 마을과 논밭을 덮쳐 강물이 휩쓸고 지나간 자리에는 아무것도 남아 있지 않았어.

사람들은 홍수가 일어나지 않도록 힘을 모아 둑을 쌓고, 물길을 만들어서 강물이 잘 흐르도록 했어. 그런데 둑을 쌓고 물길을 만드는 일은 수십 명이 모여서 될 일이 아니었지. 수천, 수만 명이 모여서 계획에 따라 함께 움직여야 가능한 큰 공사였어. 수만 명을 계획대로 움직이게 하려면 정치 조직이 필요했지. 그러면서 중국에도 나라가 세워졌어.

중국 역사 최초의 나라는 **상나라**야. 상나라의 왕은 점을 치는 중요한 임무를 맡았어. 상나라 사람들은 궁금한 게 있으면 점을 쳐서 하늘의 뜻을 물었거든. 전쟁에서 이길지 질지, 언제부터 비가 내릴지 하는 것들을 말이야.

 질문 있어요!

상나라 전에는 나라가 없었나요?

중국 사람들은 상나라 이전에 '하나라'가 있었다고 생각해. 그런데 아직까지 하나라의 유물이나 유적이 발견되지 않아서 전설 속의 나라처럼 여기고 있어.

▲ 갑골문이 새겨진 갑골

점을 칠 때는 불길이 지글지글 끓어오르는 화로에 거북이 껍질이나 소의 어깨뼈와 같은 동물의 뼈를 올려놓았어. 이것을 갑골이라고 해. 왕은 뜨겁게 달아오른 갑골을 향해 이렇게 물었어.

"하늘에 묻나이다! 올해도 풍년이 들까요?"

조금 지나 갑골이 쩍 소리를 내며 금이 갔어. 색깔도 누렇게 변했지. 상나라 왕은 갑골이 갈라진 모양을 요리조리 살펴봤어. 갈라진 갑골의 모양에 따라 앞날을 알 수 있다고 믿었거든.

"신께서 올해는 풍년이라고 하시는구나. 하늘의 뜻을 새겨라!"

신하는 점친 내용을 갑골 뒷면에 꼼꼼히 기록해 두었어. 이때 사용한 문자를 **갑골문**이라고 해. 갑골문은 점차 모양이 복잡해지면서 오늘날 중국 한자의 뿌리가 되었단다.

> **용선생의 한 줄 정리**
> 중국의 황허강 주변에서 중국 문명이 시작되었어. 중국 역사 최초의 나라 상나라는 점을 쳐서 갑골문을 남겼어.

수재의 세계사 노트

세계사	시간과 공간	① 역사 사건의 시기를 기록할 때 기원전과 기원후로 나눔 ② 전 세계를 5대양 6대륙으로 나눔
선사 시대	구석기 시대	① 돌을 깨뜨려 만든 뗀석기를 사용 ② 열매 채집과 사냥으로 식량 마련 ③ 이동 생활을 하며 동굴이나 간단한 움막을 지어 살았음
	신석기 시대	① 돌을 갈아서 만든 간석기를 사용 ② 농경과 목축을 시작 ③ 강가 주변에서 정착 생활을 함
문명의 발생	메소포타미아 문명	① 수메르인이 도시를 만들고 쐐기 문자를 사용하면서 최초의 문명인 메소포타미아 문명이 탄생 (기원전 3500년) ② 바빌로니아의 함무라비왕이 여러 도시의 법을 통일
	이집트 문명	① 나일강 유역에서 이집트 문명이 탄생 (기원전 3000년) ② 파라오(왕)를 신으로 모심 ③ 시체를 미라로 만든 뒤 무덤인 피라미드에 보존
	인도 문명	① 인더스강 유역에서 인도 문명이 탄생 (기원전 2500년) ② 모헨조다로는 도로, 주택, 수로가 갖춰진 계획도시
	중국 문명	① 황허강 유역에서 중국 문명이 탄생 (기원전 2500년) ② 중국 최초의 국가 상나라는 갑골문을 사용 → 갑골문은 오늘날 한자의 뿌리가 됨

세계사 능력 시험

01 다음 지도에서 (가)~(라) 대륙의 이름을 바르게 연결하지 <u>않은</u> 것은 무엇일까? (　　)

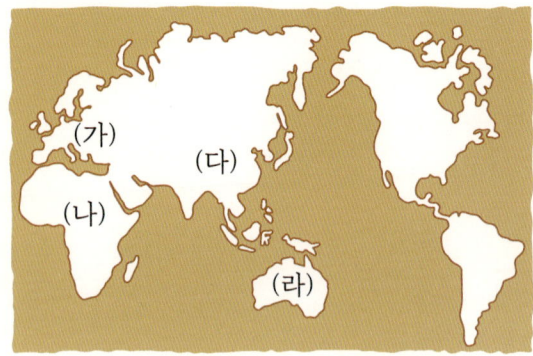

① (가): 유럽
② (나): 아프리카
③ (다): 아시아
④ (라): 남아시아

02 다음 일기가 쓰였던 시대에 대한 설명으로 알맞지 <u>않은</u> 것은 무엇일까? (　　)

> 제목: 하루종일 일만 하다!
> 아침부터 쉬지 않고 농사를 지었더니 온몸이 쑤신다. 일이 끝나자마자 움집에서 돌을 정교하게 갈아 도구도 만들었다.(……)

① 이동 생활을 했어요.
② 간석기를 사용했어요.
③ 강가 주변에서 정착해 살았어요.
④ 양, 염소 등 동물을 길들여 키웠어요.

✓ 2018 대학수학능력시험 변형

03 밑줄 친 '이 문명'에 대한 설명으로 알맞은 것은 무엇일까? (　　)

이것은 쐐기 문자가 새겨져 있는 진흙판이에요. <u>이 문명</u>의 사람들은 갈대나 금속으로 만든 도구로 꾹꾹 눌러 글자를 기록했어요.

① 피라미드를 만들었어요.
② 황허강 유역에서 시작되었어요.
③ 모헨조다로를 중심으로 발전했어요.
④ 이 문명은 메소포타미아 문명이에요.

04 (가)에 들어갈 인물로 알맞은 것은 무엇일까? (　　)

> 나는 바빌로니아의 왕이야. 메소포타미아 지역 도시 대부분을 정복하고, 법전을 만들었지.

(가)

① 파라오
② 알렉산드로스
③ 함무라비
④ 클레오파트라

05 다음 문명에 대한 설명으로 알맞은 것은 무엇일까? ( )

> **태양신의 아들, 나일강의 지배자**
> **파라오 특별전**
>
> ○○박물관 기획 전시회에
> 여러분을 초대합니다.
> 파라오의 정복 활동과 그들이 남긴
> 피라미드 등의 문화유산이 파노라마처럼
> 눈앞에 펼쳐집니다.
>
> 장소: ○○박물관 기획 전시관

① 미라를 만들었어요.
② 쐐기 문자를 사용했어요.
③ 모헨조다로를 건설했어요.
④ 갑골에 점을 친 내용을 기록했어요.

06 다음 영상에서 볼 수 있는 내용으로 알맞지 <u>않은</u> 것은 무엇일까? ( )

① 상업이 크게 발달한 인도
② 파라오를 위해 만든 피라미드
③ 메소포타미아 사람들과의 교류
④ 인더스강 유역에서 탄생한 문명

07 밑줄 친 '이 왕조'에 대한 설명으로 알맞은 것은 무엇일까? ( )

이 유물은 이 왕조의 왕이 점을 친 결과를 기록한 것이에요.

① 왕을 '파라오'라고 불렀어요.
② 황허강 유역에서 발달했어요.
③ 인더스강 주변에 있던 나라예요.
④ 메소포타미아 도시 국가 대부분을 정복했어요.

08 (가)~(라) 지역에서 발생한 문명을 바르게 연결한 것은 무엇일까? ( )

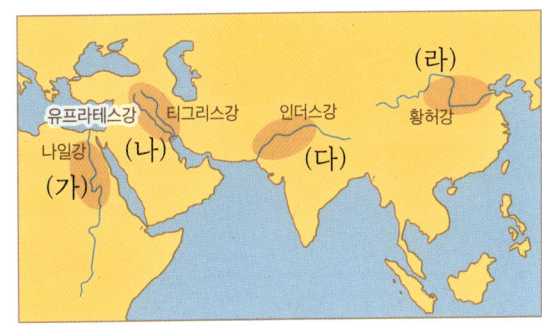

① (가): 메소포타미아 문명
② (나): 인도 문명
③ (다): 이집트 문명
④ (라): 중국 문명

신화의 원조가 된 『길가메시 서사시』

『길가메시 서사시』는 메소포타미아 지역에서 전해져 내려오던 이야기를 기원전 1900년 무렵에 기록한 작품이야. 약 4천 년 전에 기록한, 엄청나게 오래된 문학 작품이지. 훨씬 후대에 만들어진 그리스 신화를 비롯해 다른 나라 신화에도 길가메시의 모험 이야기와 비슷한 내용이 많이 나온다고 해. 그래서 학자들은 『길가메시 서사시』가 여러 신화의 원조라고 생각한단다.

2 중국을 통일한 진나라와 한나라

땅이 넓고 인구가 많은 중국은 옛날부터 농업이 발달했어. 이곳에서 여러 나라가 생겨나 분열과 통일을 반복했지. 그중 한나라는 중국을 대표하는 왕조로 널리 알려졌어.

여러 개의 나라로 쪼개진 중국을 누가 통일했을까?

난 왜 중국 글자를 한자라고 하는지가 궁금한데.

흉노 · 한나라 · 인도 · 태평양

- 기원전 1046년 — 주나라, 상나라를 멸망시킴
- 기원전 770년 — 춘추 전국 시대 시작
- 기원전 221년 — 진나라의 중국 통일
- 기원전 202년 — 한나라 건국
- 기원전 138년 — 장건, 월지로 출발

수십 개의 나라로 쪼개진 주나라

"쯧쯧~ 한 나라의 왕이라는 자가 나랏일은 뒷전인 채 저리도 방탕한 생활만 하다니!"

중국 문명을 일으킨 상나라도 점차 약해지고 있었어. 상나라의 마지막 왕은 포악하고 사치가 심했다고 해. 그런 왕의 모습에 백성들은 하나둘 등을 돌렸어. 누군가 왕을 몰아내고 상나라를 무너뜨리기를 바라는 사람도 많았지.

상나라 주변에는 여러 나라가 있었어. 이들 나라의 제후는 상나라 왕의 신하이면서 자기 나라를 이끄는 우두머리이기도 했어. 그런데 상나라 왕이 민심을 잃자, 상나라를 무너뜨리려는 제후도 생겨났지. 주나라의 무왕도 그런 사람이었어.

"우리가 힘을 합쳐 상나라를 무너뜨립시다!"

주나라 무왕은 다른 제후들을 설득했어. 그리고 힘을 합쳐 상나라로 쳐들어갔지. 상나라 왕은 급히 군대를 긁어모아 싸워 보려 했지만, 이미 너무 늦었어. 결국 기원전 1046년, 상나라가 무너지고 주나라가 중국을 차지했지.

"하늘이 나를 왕으로 명했으니, 나를 따르도록 하라!"

주나라 무왕은 자기가 반란을 일으켜 중국을 차지한 것처럼 다른 제후들이 반란을 일으키지 않을까 걱정됐어. 그래서 자기가 상나라를 무너뜨린 건 하늘의 뜻이라고 주장했지. 하늘의 뜻에 따라 왕이 된 것이니 자신을 새로운 왕으로 받들라는 얘기였어.

곽두기의 용어 사전

제후
왕 다음가는 높은 신분이야. 왕으로부터 땅을 받아 그곳에 사는 사람들을 다스렸어.

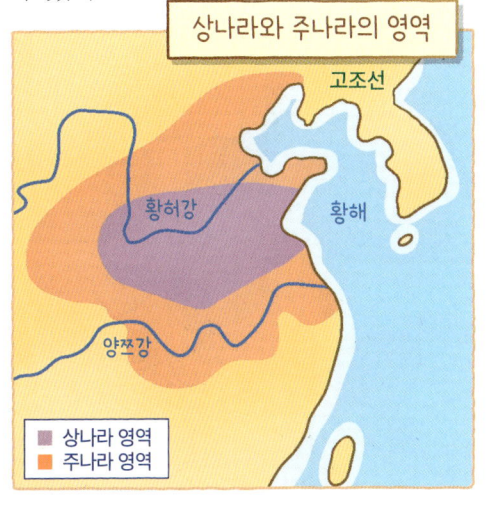

상나라와 주나라의 영역

주나라는 상나라가 다스리던 지역은 물론, 그 주변까지 세력을 넓혀 이전보다 훨씬 넓은 지역을 다스리게 됐어. 그런데 나라가 이렇게 커지자 이 넓은 지역을 어떻게 다스릴까 하는 문제가 생겼지. 옛날에는 지금처럼 고속 도로가 있는 것도 아니고, 전화기가 있는 것도 아니니 왕의 명령을 백성에게 전달하기가 어려웠거든.

"내가 직접 전국을 다스리기 어려우니 믿을 만한 사람에게 나라를 나눠 다스리게 해야겠군."

무왕의 뒤를 이은 성왕 때에 주나라는 왕실의 친척과 전쟁에서 공을 세운 공신에게 나라를 나눠주기로 했어. 형제나 사촌, 전쟁에서 함께 싸운 사람들은 믿을 수 있으니, 나라를 나눠 다스려도 큰 문제가 없을 거라고 생각한 거지.

제후들은 나라를 나눠 받는 대신 주나라 왕실에 **공물**을 바쳐야 했고, 가끔 주나라 왕에게 직접 와서 인사도 해야 했어. 또 전쟁이 나면 군대를 보내 주나라 왕실을 보호해야 했지. 이러한 제도를 **봉건제**라고 해.

제후들은 자신의 나라에서는 왕처럼 나라를 다스리고, 주나라 왕실에 들어오면 주나라 왕의 신하가 되어 왕을 도왔지. 그리고 그 제후가 죽으면 그 자손이 대를 이어 제후가 되었어. 제후들이 모두 같은 집안이나 마찬가지였으니 서로 다툴 일도 크게 없었어. 그래서 한동안 주나라는 평화를 누릴 수 있었지.

그런데 수백 년의 세월이 흐르자 봉건제에 문제가 생겼어. 처음에는 형제처럼 가까웠던 관계가 몇 대가 지나니 8촌, 10촌… 이렇게 멀어져서 결국은 남과 다

곽두기의 용어 사전

공물
옛날에 신하나 백성이 나라에 세금으로 바치던 물건을 말해.

름없는 관계가 되어 버렸거든.

제후들은 이제 주나라 왕에게 충성을 바치지 않았어. 그러다 주나라가 스스로를 지킬 힘조차 없을 정도로 약해지자 제후들은 아예 반기를 들고 서로 나라를 차지하겠다고 달려들었지. 이제 강한 자가 살아남는 혼란스러운 시기가 찾아온 거야.

이후 중국에 수백 년간 계속된 혼란기를 ★교과서 핵심어 **춘추 전국 시대**라고 해. 춘추 전국 시대 때는 끊임없이 전쟁을 치렀어. 백성들의 삶은 힘들었지만, 서로 강해지기 위한 경쟁을 통해 여러 나라가 발전한 시기이기도 하지.

세계사 속 한국사

중국과 교류한 고조선

춘추 전국 시대에 관한 기록에 고조선에 대한 이야기도 있어. 제후국인 제나라가 고조선과 교역했다는 기록이지. 지금으로부터 약 2700년 전의 일이야.

 **용선생의 한 줄 정리**
주나라의 봉건제가 흔들리면서 춘추 전국 시대가 시작됐어.

· 중국을 통일한 진나라와 한나라

춘추 전국 시대의 혼란을 끝낼 방법은?

춘추 전국 시대에는 수많은 나라가 있었는데, 전쟁을 통해 7개의 나라로 정리되었어.

춘추 전국 시대는 그야말로 난장판이었어! 눈만 뜨면 전쟁이었고, 수많은 나라가 세워졌다 무너졌다를 반복했지. 신하가 반란을 일으켜 왕을 몰아내고 스스로 왕이 되는 일도 허다했어.

각 나라는 경쟁에서 살아남기 위해 새로운 농사 도구를 만들어 나라를 부유하게 하고, 무기도 개량해서 군대도 강하게 만들었지. 또 적극적으로 인재를 뽑아 경쟁에서 앞서 나가려고 했어. 그래서 신분에 상관없이 유능한 인재들이 등장하기도 했지.

이때 등장한 학자들과 학파를 **제자백가**라고 해. 춘추 전국 시대에 가장 유명한 학파로는 **유가**, **묵가**, **법가**, **도가** 등이 있어. 이들이 활발하게 토론을 하면서 중국 고대의 철학이 꽃을 피웠단다. 이들은 혼란한 세상을 바로잡겠다며 여러 주장을 펼쳤어. 대표적인 학자와 그 주장을 살펴볼까?

곽두기의 용어 사전

제자백가
여러 명의 스승과 백 가지의 사상이라는 뜻이야. 수많은 학자와 학파를 말하는 거지.

용선생의 한 줄 정리
춘추 전국 시대에는 제자백가가 나타나 다양한 주장을 펼쳤어.

오늘의 주제: "나라의 혼란을 끝내는 방법은?"

【 공자 】
예의를 강조하는 **유가** 대표

"주나라 왕실이 무너지고 세상이 혼란스러워진 것은 사람들이 자기 분수에 맞지 않게 욕심을 부렸기 때문이오. 임금은 임금답게, 신하는 신하답게, 아버지는 아버지답게, 아들은 아들답게 그렇게 각자의 자리에서 '예의'를 지킨다면 나라가 어지러울 일이 없을 것이오."

제발 예의 좀 갖추자~!

【 묵자 】
차별 없는 사랑을 강조하는 **묵가** 대표

우리 사랑하자! 사랑해!

"나를 사랑하듯 다른 사람을 사랑하는 마음이 중요합니다. 이것을 '겸애'라고 하지요. 세상 모두를 사랑하는데 어떻게 전쟁이 일어나겠습니까? 전쟁이 없는 세상, 얼마나 좋겠어요! 서로서로 사랑해야 합니다~"

【 한비자 】
엄격한 법과 제도를 강조하는 **법가** 대표

"이렇게 혼란한 시대에 예의니 겸애니 따지는 건 배부른 소리입니다. 법을 어기는 사람은 강력하게 처벌해서 사회 질서를 바로잡아야 합니다!"

'상'이랑 '벌'을 확실하게 주면 되지. so easy~

내버려둬~ 그저 흐르는 대로~

【 노자 】
자연의 순리를 따르는 삶을 강조하는 **도가** 대표

"쯧쯧, 그 법이니 제도니, 자꾸 그런 걸 만들어 대니 세상이 이리 어지러운 것 아니겠소? 인간이 결국 자연의 질서를 어지럽힌 게지. 물 흐르듯 자연의 순리대로 살아가면 아무 문제 없을 것을…."

중국을 최초로 통일한 진나라

춘추 전국 시대 제후국 가운데 **진나라**가 있었어. 진나라는 중국 서쪽 **변방**의 척박한 땅에 자리 잡은 나라였지. 진나라의 제후도 여느 나라와 똑같이 진나라를 강한 나라로 만들고 싶어 했어.

그러던 어느 날, 진나라에 '상앙'이라는 학자가 찾아왔어. 상앙은 법을 강조하는 법가의 대표적인 학자였지. 상앙은 자신의 말을 들으면 나라를 강하게 만들 수 있다며 큰소리쳤어.

"폐하, 엄한 법으로 나라를 다스리셔야 합니다! 공을 세우면 상을 주고, 죄를 지으면 벌을 내리소서."

진나라의 왕은 상앙의 말을 믿어 보기로 했어. 상앙은 소매를 걷어붙이고 진나라의 법을 뜯어고쳤지.

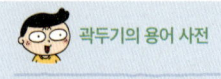

변방
도시에서 멀리 떨어져 나라의 경계에 있는 지역을 말해.

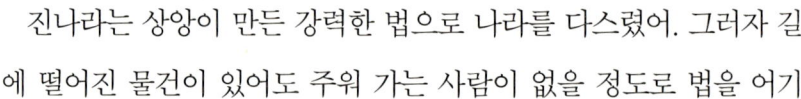

【 상앙이 바꾼 법 】

"모든 백성을 다섯 집 단위로 묶는다. 한 집이 죄를 저지르면 다 같이 벌을 받을 테니 서로 잘 감시하라. 만일 범죄자를 고발하지 않으면 처형된다."

"전쟁에 나가 공을 세우면 평민도 귀족이 될 수 있고, 왕족이라도 전쟁에서 공이 없으면 평민 대접을 받을 수 있다."

진나라는 상앙이 만든 강력한 법으로 나라를 다스렸어. 그러자 길에 떨어진 물건이 있어도 주워 가는 사람이 없을 정도로 법을 어기는 사람이 줄어들었지. 또 서로 전쟁에서 공을 세워 상을 받으려고 하자 군대도 더욱 강력해졌어.

진나라는 어느새 제후국 중 가장 강한 나라가 되어 다른 제후국들을 하나둘 점령해 나갔어. 그리고 마침내 기원전 221년, 모든 나라를 정복하고 중국 역사상 최초로 통일을 이루어 냈지. 이로써 춘추 전국 시대의 혼란이 막을 내리게 된 거야.

중국을 통일한 진나라 왕은 주나라의 봉건제와 달리, 온 나라를 직접 다스리기로 했어. 그리고 왕의 권위를 더 높이기 위해 '황제'라는 말을 만들고, 자신을 최초의 황제라는 뜻으로 '시황제'라고 부르도록 했지.

하나의 나라가 되기는 했지만, 지역마다 사용하는 화폐나 무게 단위가 달라 시장에서 싸움이 나기 일쑤였어. 심지어 글자도 조금씩 달라 매우 혼란스러운 상황이었지. 시황제는 전국의 화폐와 단위, 문자를 통일했어.

시황제는 많은 업적을 남겼지만, 한편으로는 백성들의 원망을 샀어. 법이 너무나 엄격해서 조금만 잘못을 저질러도 사형을 당할 수가 있었거든. 그런데다 외적의 침입을 막겠다며 만리장성을 쌓는 데 백성들을 동원하기도 했지. 전쟁은 끝났지만 시황제의 가혹한 통치 때문에 백성들의 고통이 끝나지 않았던 거야.

시황제
(기원전 259년~기원전 210년)
중국을 통일하고, 처음으로 '황제'라는 호칭을 썼어.

▲ 진시황릉 병마용(중국 시안)
병마용은 시황제의 무덤에 묻힌 병사 인형이야. 실제 사람과 비슷한 크기로 제작했고, 수천 점이 모두 다른 얼굴을 하고 있단다.

용선생의 한 줄 정리
진나라의 시황제는 법가 사상을 바탕으로 나라를 강하게 만들어 중국을 통일했어.

잇따르는 반란과 한나라의 등장

흉노한테 죽는 게 아니라, 성벽 짓다 죽겠네!

"아이고, 나 죽네! 법이고 뭐고 나는 더 이상 이렇게는 못 산다!"

무리한 공사와 엄격한 법으로 고통받던 진나라 백성들은 결국 머리끝까지 화가 났어. 낫과 곡괭이를 손에 쥔 백성들은 반란을 일으켰지.

반란군 중에서도 우두머리 역할을 하며 두각을 나타낸 두 인물이 있었어. 바로 **항우**와 **유방**이었지.

그런데 두 사람은 달라도 너무 달랐어. 항우는 대대로 장군을 지낸 귀족 집안 출신이었지. 덩치도 크고 힘도 세서 사람들이 평가하기를 '힘은 산을 들어 올리고, 기운은 세상을 덮는다'라고 했어. 누가 봐도 장군감이었던 거야. 그에 비해 유방은 보잘것없는 집안 출신이었어. 특별히 잘하는 것은 없었지만, 사람들을 잘 대우해서 따르는 부하가 많았지.

항우
(기원전 232년~기원전 202년)
'힘은 산을 뽑고, 기운은 세상을 뒤덮을 만하다.'는 말로 유명할 만큼 싸움을 잘하는 장수였어.

항우와 유방 모두 진나라를 무너뜨리겠다는 생각이었어. 그래서 진나라의 수도인 셴양을 향해 쳐들어갔지. 결국 진나라는 중국을 통일한 지 15년 만에 멸망하고 말았어. 진나라가 망한 이후에 이 둘의 본격적인 경쟁이 시작되었지.

처음에는 병사 수가 많았던 항우가 앞서 나갔어. 하지만 항우는 자기 힘만 믿고 부하들을 함부로 대하곤 했지. 그러자 부하들은 항우에게 등을 돌리고 하나둘 유방의 편에 서기 시작했어. 순식간에 유방의 군대가 항우의 군대를 압도하게 되었지.

"나는 항우다! 힘은 산을 들어 올리고, 기운은 세상을 덮는 장수 항우란 말이다!"

항우는 병사 수가 크게 부족했지만, 끝까지 항복하지 않고 유방의 군대를 막아섰어. 유방은 항우와 끝까지 싸우면 자신의 군대도 큰 피해를 보게 될 것이라 걱정했지.

"싸우지 않고 항우를 무너뜨릴 방법이 없겠소?"

"항우 편 병사들의 마음을 흔드는 게 어떻겠습니까?"

유방은 포로로 붙잡은 항우의 병사들에게 고향 노래를 부르게 했어. 고향 생각이 나게 만들어 항우 부하들의 마음을 약하게 만들려고 한 거야. 오랜 전쟁에다가 승세까지 유방 쪽으로 기우니, 항우의 군대는 지칠 대로 지친 상태였거든.

전쟁터에서 절절한 고향 노래가 들려오자, 항우의 병사들의 마음은 이리저리 요동치기 시작했어.

"고향 노래를 들으니 부모님이 생각나는군. 이제 그만 가족들이 있는 고향으로 돌아가고 싶어…"

"에라, 모르겠다! 난 고향으로 돌아갈래!"

유방
(기원전 247년~기원전 195년)
한나라의 첫 번째 황제야. 항우와의 싸움에서 이겨 한나라의 황제가 되었어.

세계사 더 읽기

사면초가(四面楚歌)

'사방에서 들리는 초나라 노래'라는 뜻의 고사성어야. 항우가 유방의 군사에게 둘러싸인 상황에서 유래한 말로, 도움받지 못하는 곤란한 상황을 말해.

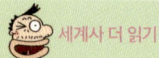 세계사 더 읽기

장기의 유래

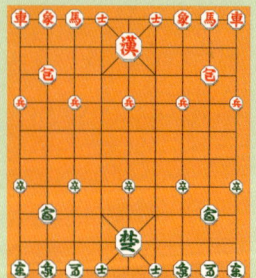

장기는 붉은색, 푸른색 글자가 쓰인 두 종류의 말을 판 위에 놓고, 서로 번갈아 가며 공격과 수비를 하여 승부를 가리는 놀이야. 붉은색의 漢(한)은 유방의 한나라를 뜻하고, 푸른색의 楚(초)는 항우의 초나라를 뜻해.

노래를 들고 마음이 약해진 항우의 군사들은 하나둘 도망치기 시작했어. 유방의 작전이 멋지게 들어맞은 거야. 그 모습을 본 유방은 흡족한 미소를 띠었어.

반면, 항우는 사방에서 들리는 노랫소리에 크게 좌절했어. 유방에게 항복한 자기 병사들이 노래를 부르고 있다고 생각했거든.

"아아… 적이 사방을 둘러쌌구나."

적군에 포위돼 도움받을 곳이 없다고 생각한 항우는 결국 스스로 목숨을 끊었어. 기원전 202년, 중국을 다시 통일한 유방은 ★교과서 핵심어 __한나라__의 첫 번째 황제가 되었지.

 **용선생의 한 줄 정리**
진나라가 망하고 유방의 한나라가 중국을 다시 통일했어.

중국의 대표 왕조, 한나라

한나라는 진나라의 실패를 따라가지 않기 위해 진나라와는 다른 정책을 펼쳤어. 우선, 무리한 토목 공사나 엄격한 법을 줄였지. 그리고 **무제** 때에 이르러 활발한 정복 활동으로 전성기를 누렸어.

무제는 동서남북으로 영토를 넓혀 나갔어. 우리나라 최초의 국가인 고조선을 멸망시킨 것도 바로 무제 때였지. 무제는 남쪽의 베트남도 공격해 멸망시켜 버렸어. 그 이전의 중국 어느 나라보다도 넓은 영토를 갖게 되었지.

"나라가 넓어졌다고 제후들에게 나라를 나눠 주면 또 반란을 일으킬 수 있다. 내가 직접 온 나라를 다스리겠다."

무제 이전에는 나라의 절반은 황제가 직접 다스리고 나머지 지역은 제후가 다스리게 했어. 황제가 온 나라를 직접 다스릴 정도로 힘이 강하지 못했던 거지. 그러다 무제 때 나라가 안정되고 황제의 힘이 차츰 강해지자, 황제가 전국을 직접 다스리기로 한 거야.

"고을에서 일어난 일 하나하나 다 보고하거라."

무제는 전국에 자신이 임명한 관리들을 파견하여 다스리게 하고, 또 **감찰관**을 보내 나라를 잘 다스리는지도 감시하게 했어.

무제는 나라를 잘 다스리려면 무력만으로는 부족하다는 것을 알았어. 백성들이 나라에 충성하는 마음을 가져야 하나의 나라로 오래 안정을 누릴 수 있을 거라고 생각했지.

"유교가 백성들을 가르치는 데 도움이 되겠구나."

한 무제
(기원전 156년~기원전 87년)
한나라의 전성기 때 황제야. 한나라의 영토를 최대로 넓혔어.

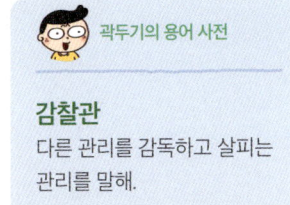

곽두기의 용어 사전

감찰관
다른 관리를 감독하고 살피는 관리를 말해.

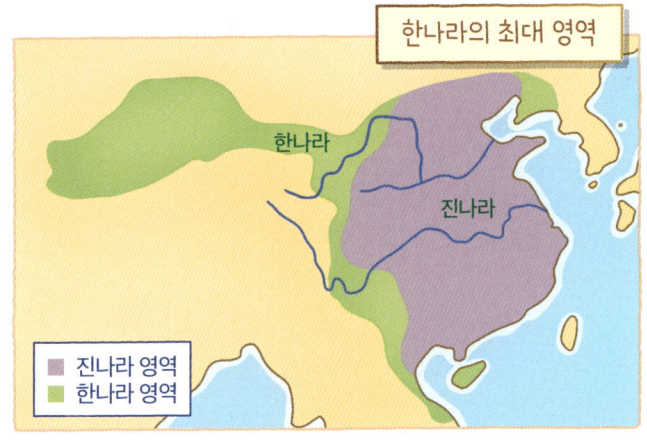

한나라의 최대 영역

유교에서는 부모에게 효도하고 임금에게 충성하라고 가르쳤거든. 무제는 유교를 널리 퍼뜨리기 위해 국립 학교인 **태학**을 세워 유교를 연구하는 유학자들을 키워 냈어. 그리고 유교 교육을 받은 사람들을 관리로 뽑았지. 이때 나라를 이끄는 이념으로 자리 잡은 유교는 이후 2천 년 가까운 시간 동안 중국의 중심 사상이 되었어.

한나라는 400년 동안이나 중국을 다스렸어. 한나라 이전의 중국은 여러 나라로 나뉘어 있었고, 진나라가 통일하기는 했지만 고작 15년을 다스렸을 뿐이었지. 그런데 한나라가 이렇게 긴 시간 통일된 중국을 다스리자 중국 사람들의 생각도 바뀌게 되었어. 중국 사람들의 머릿속에 '우리는 모두 한나라 사람'이라는 생각이 싹트게 된 것이었지. 이때 '중국'이라는 나라가 탄생했다고 해도 과언이 아닐 거야.

중국에는 수십 개의 왕조가 나타났다가 사라졌는데, 그 가운데서도 한나라를 중국을 대표하는 왕조로 꼽는 경우가 많아. 중국의 글자를 '한자', 중국인의 대부분을 차지하고 있는 민족을 '한족'이라고 부르잖아. 그 '한'이 바로 한나라의 '한'인 거야!

 세계사 속 한국사

한나라의 '한'과 대한민국의 '한'

우리나라도 나라 이름에 '한'자가 들어가. 또 우리나라 민족을 '한민족'이라고 부르지. 하지만 중국 한족의 '한'자와 다른 글자야. 중국은 '漢'자를, 우리나라는 '韓'자를 쓰고 있지.

 **용선생의 한 줄 정리**

무제 때 전성기를 누린 한나라는 중국을 대표하는 왕조가 되었어.

비단길을 통해 서역과 교류하다

"또 흉노에게 당했단 말이냐!"

한나라의 전성기를 이끈 무제도 끝까지 쓰러뜨리지 못한 강적이 있었어. 그건 바로 만리장성 너머의 유목 민족인 흉노였지.

흉노는 중국 북쪽에 펼쳐진 드넓은 초원에서 유목 생활을 하는 사람들이었어. 그런데 툭하면 국경 지대를 넘어 한나라 사람들의 식량과 보물을 빼앗아 가는 통에 아주 오래전부터 골칫거리였지. 무제는 흉노를 몰아내기 위해서는 다른 나라와 힘을 합쳐야 한다고 생각했어. 그런 무제의 눈에 들어온 건 **서역**에 있는 '월지'라는 나라였지.

무제는 월지와 군사 동맹을 맺기 위해 신하인 **장건**을 사신으로 보냈어. 장건은 짐꾼과 호위병 등 일행 100여 명과 함께 서역을 향해 출발했지.

그런데 장건에게 큰일이 생겼어. 국경을 넘자마자 흉노에게 잡히고 만 거야. 장건은 10년이나 포로로 잡혀 있었지. 하지만 장건은 한시도 자신의 임무를 잊은 적이 없었어. 그리고 우여곡절 끝에 탈출에 성공해 마침내 월지에 다다랐지.

장건은 서둘러 월지 왕을 찾아갔어. 그런데 월지의 왕은 흉노와 힘들게 싸울 생각이 없었던 거야. 장건은 결국 군사 동맹을 얻지 못한 채 한나라로 돌아갈 수밖에 없었어.

하지만 장건이 얻은 게 없진 않았어. 흉노족에 대한 정보부터 자신이

곽두기의 용어 사전

서역
중국 서쪽의 나라를 통틀어 이르는 말이야. 중앙아시아와 서아시아 전체를 가리키는 말이 되었지.

질문 있어요!

월지 왕은 왜 동맹을 맺지 않았나요?

월지가 새로 정착한 지역이 이전보다 더 살기가 좋은 곳이었어. 그래서 흉노와 굳이 싸울 이유가 없었던 거야.

▲ **장건의 서역 출사도**
왼쪽은 서역으로 떠나는 장건, 오른쪽은 말을 타고 장건을 배웅하는 한 무제의 모습이야.

보고 들은 서역에 대한 이야기를 잔뜩 가지고 돌아왔거든. 장건은 한 무제에게 자신의 경험담을 늘어놓았어.

"폐하, 서역에서 한나라의 비단이 아주 인기가 좋습니다. 또 서역의 대완이라는 나라에서는 하루에 천 리(약 400km)를 달리는 훌륭한 말이 납니다."

놀란 한 무제는 장건의 이야기에 귀를 기울였어.

"그럼 중국의 비단을 팔아 대완의 말을 사 오면 우리도 흉노 못지않은 기병을 키울 수 있겠구나!"

한나라는 장건이 다녀온 길을 통해 중앙아시아까지 이를 수 있었어. 그 길을 따라 한나라의 비단이 중앙아시아와 서아시아, 그리고 멀리 유럽의 로마까지 팔려 나갔단다. 중국의 비단이 수출된 길이라고 해서 ★교과서 핵심어 **비단길**이라고 불러. 비단길은 이후 수백 년간 유럽과 중앙아시아, 동아시아를 잇는 동서 교역로가 되었지.

용선생의 한 줄 정리
장건이 사신으로 다녀온 길을 따라 만들어진 비단길은 동서 교역로가 되었어.

교과서에 나오는 중요한 내용을 정리했어!

수재의 **세계사** 노트

주나라와 춘추 전국 시대	주나라의 봉건제	① **주나라**가 상나라를 무너뜨림 ② 제후가 각 지역을 맡아 다스리는 **봉건제**를 실시
	춘추 전국 시대	① 제후들이 서로 세력을 다투는 혼란의 시기 ② 유가, 묵가, 법가, 도가 등 **제자백가** 등장

⬇

진나라	진나라의 중국 통일	① 진나라가 중국을 최초로 **통일** (기원전 221년) ② 시황제가 화폐, 단위, 문자를 통일 ③ 북쪽의 유목 민족을 막기 위해 **만리장성**을 쌓음

⬇

한나라	한나라의 중국 통일	① 진나라가 중국을 통일한 지 15년 만에 멸망 ② 유방이 **한나라**를 세우고 중국을 재통일 (기원전 202년)
	한나라의 전성기	① **유교**로 나라를 다스린 한 무제 ② 황제가 전국을 직접 다스림 ③ **비단길**을 통해 동서가 활발하게 교류

세계사 능력 시험

01 다음 설명에 알맞은 제도는 무엇일까? ( )

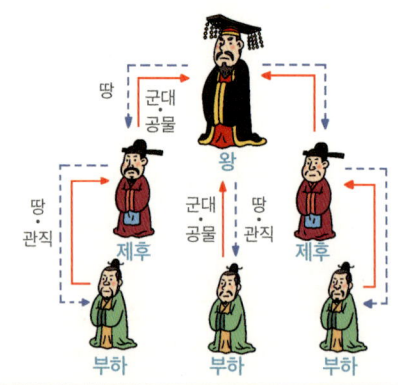

주나라는 넓어진 땅을 효과적으로 다스리기 위해 왕이 제후에게 땅을 나눠 주고, 제후는 왕에게 충성을 바치는 제도를 실시했어요.

① 제자백가 ② 한 무제
③ 봉건제   ④ 시황제

02 빈칸에 들어갈 내용으로 알맞은 것은 무엇일까? ( )

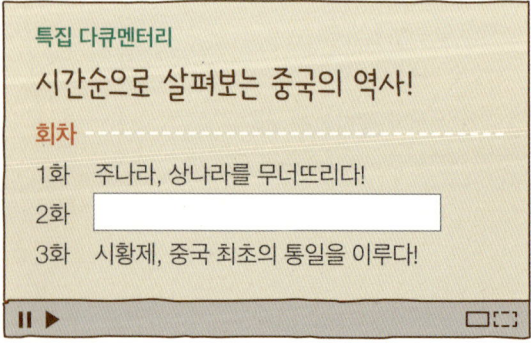

특집 다큐멘터리
시간순으로 살펴보는 중국의 역사!
회차
1화 주나라, 상나라를 무너뜨리다!
2화
3화 시황제, 중국 최초의 통일을 이루다!

① 유방, 항우를 무너뜨리다!
② 한나라, 비단길을 개척하다!
③ 황허강 주변에서 탄생한 중국 문명
④ 춘추 전국 시대, 전국이 혼란에 빠지다!

03 (가)~(나)에 해당하는 학자를 바르게 짝지은 것은 무엇일까? ( )

① 공자 — 노자   ② 공자 — 묵자
③ 노자 — 묵자   ④ 한비자 — 노자

04 밑줄 친 '이 나라'로 알맞은 것은 무엇일까? ( )

① 상나라
② 주나라
③ 진나라
④ 한나라

2021 대학수학능력시험 변형

05 (가)에 대한 설명으로 알맞지 <u>않은</u> 것은 무엇일까?
( )

> **동아시아사 신문** ○○○○년 ○○월 ○○일
>
> **새로운 역사 자료, 『조정서』 공개**
> 중국 최초로 황제 칭호를 사용했던 (가) 에 관한 기록이 담긴 『조정서』가 일반에 공개되었다. (…)

① 만리장성을 세웠어요.
② 봉건제를 실시했어요.
③ 중국을 최초로 통일했어요.
④ 전국의 화폐와 단위, 문자를 통일했어요.

06 빈칸에 들어갈 나라에 대한 설명으로 알맞은 것은 무엇일까? ( )

> **고사성어 사전**
>
> 사면초가 四面楚歌 [검색]
>
> **뜻** 사방에서 들리는 초나라 노래라는 뜻으로, 아무에게도 도움받지 못하는 곤란한 상황을 이르는 말.
>
> **유래** 초나라 항우와 ☐ 의 유방이 다투던 때, 유방은 항우를 무너뜨리기 위해 포로로 붙잡은 항우의 병사들에게 고향 노래를 부르게 했다. (…) 항우는 사방에서 들려오는 노랫소리를 듣고는 자기 병사들이 적군에 포위돼 도움받을 곳이 없다고 생각해 스스로 목숨을 끊었다.

① 피라미드를 만들었어요.
② 쐐기 문자를 사용했어요.
③ 진나라에 이어 중국을 통일했어요.
④ 갑골에 점을 친 내용을 기록했어요.

07 다음 질문에 알맞은 답변을 한 사람은 누구일까?
( )

> Q A
>
> 한나라 무제의 업적을 알려 주세요.
> ㄴ 하다: 한나라를 세웠어요.
> ㄴ 선애: 만리장성을 쌓았어요.
> ㄴ 두기: 유교로 나라를 다스렸어요.
> ㄴ 영심: 제후에게 땅을 나눠 주었어요.

① 하다 ② 선애 ③ 두기 ④ 영심

✔ 시험에 잘 나와!

08 밑줄 친 '이 길'에 대한 설명으로 알맞지 <u>않은</u> 것은 무엇일까? ( )

이 길은 장건이 월지와 군사 동맹을 맺기 위해 서역에 다녀온 것을 계기로 만들어진 길이에요.

① 동서 교역로가 되었어요.
② 이 길은 비단길이라고 해요.
③ 주나라 때 만들어진 길이에요.
④ 무제가 장건을 서역으로 보냈어요.

전설에 따르면 서복은 우리나라의 금강산, 지리산, 한라산을 차례로 들렀다고 한다. 우리나라 제주도의 '서귀포'란 지명이 바로 서복이 돌아간 곳이라는 의미이다.

동아시아 곳곳에 남은 서복의 전설

서복은 시황제에게 불로초를 찾아오겠다고 하며 동쪽으로 떠났어. 전설에 따르면 서복은 우리나라의 여러 산을 차례로 뒤졌지만, 허탕을 치고 돌아갔다고 해. 그런데 서복에 관련된 전설이 우리나라에만 전해지는 게 아니야. 중국 전역을 비롯해 일본이나 타이완 등에도 서복이 다녀갔다고 하는 전설이 전해지고 있단다.

3 페르시아와 그리스의 대결

기원전 800년 무렵	기원전 550년	기원전 490년	기원전 334년
폴리스 형성	페르시아 건국	그리스, 마라톤 전투 승리	알렉산드로스, 원정 시작

대제국 페르시아를 다스리는 방법

끼이익~ 굳게 닫혀 있던 성문이 열렸어. 거친 말발굽 소리가 땅을 울렸지. 기다리던 **키루스**왕의 군대가 마을로 들어선 거야. 놀란 토끼 눈을 한 사람들이 소리를 따라 몰려들었어.

"드디어 키루스왕이 도착했어!"

"바빌로니아를 무너뜨리다니! 역시 키루스왕이야!"

페르시아의 왕 키루스는 바빌로니아를 무너뜨리고 돌아오는 길이었어. 바빌로니아는 비옥한 메소포타미아 지역을 차지했던 강력한 나라였어. 그런데 이제 페르시아가 바빌로니아에 이어 서아시아를 통일한 거야.

키루스 2세
(기원전 585년?~기원전 529년)
페르시아를 세운 왕이야.
바빌로니아에 이어 서아시아를
통일했어.

페르시아가 이렇게 성장할 수 있었던 건 바로 강한 군사력 덕분이었어. 페르시아 군대에는 '불사신'이라고 불리는 무적의 핵심 부대가 있었거든.

불사신 부대는 딱 1만 명으로 이루어진 군대였어. 만약 전투 중에 병사가 죽으면 곧바로 다른 병사를 채워 넣어서 언제나 1만 명을 유지했지. 아무리 죽여도 그 수가 줄지 않는다고 해서 불사신이라고 불렀던 거야. 불사신 부대는 언제든 명령이 떨어지면 출동할 수 있게끔 만반의 준비를 하고 있었어.

바빌로니아를 무너뜨린 키루스는 이제 드넓은 땅을 다스리게 되었어. 그런데 페르시아는 넓은 땅만큼이나 다양한 민족이 살고 있었어. 그래서 백성들을 다스리는 게 결코 쉬운 일이 아니었

질문 있어요!

페르시아는 어떤 나라인가요?

오랜 옛날부터 서아시아 주변 지역을 지배했던 강력한 제국이야. 오늘날의 이란이 바로 페르시아의 후예지.

곽두기의 용어 사전

관용
남의 생각이나 잘못을 너그럽게 용서하고 인정해 주는 태도를 말해.

지. 바빌로니아는 여러 민족을 힘으로 눌렀지만, 키루스는 힘만으로는 큰 나라를 다스릴 수 없다는 것을 알았어.

"정복한 사람들을 내 편으로 만드는 게 우선이야. 저들의 마음을 얻을 방법이 없을까?"

키루스는 정복한 민족의 종교와 전통을 존중해 주면 백성들이 자신의 말을 더 잘 들을 거라고 생각했어. 이런 정책을 관용 정책이라고 해.

"나를 따른다고 약속만 한다면 그대들이 원하는 대로 살게 해 주겠소."

키루스는 세금만 꼬박꼬박 바치면 각 나라의 법과 전통까지 지키며 살아갈 수 있게 해 주었지. 심지어는 바빌로니아가 여러 나라에서 빼앗은 보물도 원래의 주인에게 돌려주라고 명령했어.

"나 키루스가 신의 뜻에 따라 말하는 것이다. 내가 살아 있는 한 너희의 전통과 종교를 존중할 것이다."

엄청 커 보이지만, 한 뼘만 한 크기야.

▲ **키루스 대왕이 남긴 원통 유물** (22.5cm×10cm)
키루스 대왕이 바빌로니아를 정복한 뒤 백성들의 종교와 전통을 인정해 주었다는 내용을 찰흙판에 새겨 원통으로 말아 보관했어.

키루스의 관용 정책은 여기서 그치지 않았어. 키루스는 바빌로니아에 끌려와 포로 생활을 하던 사람들을 원래 살던 곳으로 돌려보냈어.

오랜 포로 생활에서 벗어나 마침내 고향으로 돌아갈 수 있게 된 사람들은 크게 감격했어.

"키루스 대왕님, 이 은혜 절대 잊지 않겠습니다!"

"우리 모두 키루스 대왕을 떠받들어 모십시다!"

바빌로니아의 괴롭힘에 시달리던 사람들은 키루스의 관용 정책을 두 팔 벌려 환영했어. 백성들은 키루스를 어질고 너그러운 왕이라며 입을 모아 칭찬했지. 키루스의 관용 정책은 백성을 다스리는 데 칼보다 더 강한 무기였던 거야.

관대한 정책으로 페르시아를 다스린 키루스는 훗날까지도 많은 존경을 받은 왕이었어. 세계 정복을 꿈꾸며 대제국을 세운 알렉산드로스도 키루스를 존경해 그의 무덤까지 찾아갔다니, 얼마나 사랑받은 왕인지 알겠지?

질문 있어요!

포로 생활을 하던 사람들이 누구예요?

키루스가 풀어 준 포로는 유대인들이었어. 바빌로니아에 맞서다 망한 유대인들은 바빌론에 포로로 끌려와 고통을 겪었지. 이 이야기는 크리스트교의 『성서』에도 기록되어 있단다.

용선생의 한 줄 정리

페르시아를 세운 키루스 왕은 관용 정책으로 나라를 다스렸어.

페르시아 제국의 고속 도로, 왕의 길

페르시아는 **다리우스** 때 전성기를 맞이했지. 전성기를 맞이한 페르시아는 세계에서 가장 크고 강한 나라였어.

페르시아의 영토는 키루스가 다스리던 때보다 더 넓어졌어. 오늘날의 서아시아 지역은 물론이고, 동쪽으로는 인도의 인더스강 유역, 서쪽으로는 그리스 일부와 북아프리카에 있는 이집트까지 모두 페르시아의 영토였으니까 말이야.

그런데 제국이 너무 거대하다 보니 나라 안에서 무슨 일이 일어나는지조차 알기 힘들었어.

"흠, 어떻게 하면 제국을 효율적으로 다스릴 수 있을꼬?"

머리를 싸매던 다리우스는 제국 전체를 여러 개의 구역으로 나누고, 구역마다 친척이나 믿을 만한 신하를 보내 다스리게 했어. 그리고 백성들을 잘 다스리는지 감시하기 위해 자신의 눈과 귀가 되어 줄 감찰관들까지 보냈지.

다리우스는 전국 곳곳을 손안에 넣고 다스리고 싶었어. 그런데 페르시아 땅이 너무 넓다 보니 수도에서 멀리 떨어진 곳까지 명령이 닿기가 어려웠지. 답답했던 다리우스는 부하들에게 명령했어.

"지방 구석구석 내 명령이 닿을 수 있도록 길을 닦아라!"

이렇게 페르시아 제국의 중심을 지나는 '**왕의 길**'이 생겨났어. 왕의 길은 수도와 주요 도시를 연결하는 고속 도로와 같았지.

다리우스 1세
(기원전 550년~기원전 486년)
페르시아 역사상 가장 넓은 영토를 다스린 왕이야.

페르시아 제국의 전성기 때 영역

왕의 길에는 특별한 시설이 있었어. 일정 거리마다 오늘날의 휴게소 같은 역참을 설치한 거야. 역참에는 갈아탈 수 있는 말이 항상 준비되어 있었어. 오래도록 달리느라 지친 사람이나 말 모두가 쉴 수 있는 곳이었지.

왕의 길이 생겨나자, 수많은 사람이 왕의 길을 오갔어. 그러면서 다른 나라에서 찾아온 상인들이 물건을 사고파는 시장이 만들어지기도 했지. 게다가 멀리 떨어진 지방에서 전쟁이나 반란이 일어날 때도 군대가 재빨리 출동해 진압했지.

페르시아는 효율적인 제도와 발달한 교통 시설로 거대한 제국을 잘 다스려 나갈 수 있었어. 페르시아의 통치 제도와 시설은 이후 나타난 여러 제국의 모범이 되었지.

 질문 있어요!

왕의 길은 얼마나 긴가요?

왕의 길은 수도인 수사에서 사르디스라는 지역까지 무려 2,700킬로미터에 달하는 기다란 도로였어. 서울과 부산을 잇는 경부 고속 도로의 6배가 넘는 엄청난 길이란다.

용선생의 한 줄 정리

페르시아의 전성기를 이끈 다리우스는 왕의 길을 만들어 제국을 효율적으로 다스렸어.

수백 개의 나라로 이루어진 그리스

아테네만큼이나 강력했던 스파르타, 최고의 신에게 제사를 지냈던 올림피아도 그리스를 대표하는 폴리스야.

페르시아 서쪽에는 바다 건너 **그리스**가 있었어. 그리스는 산이 많고 수천 개의 섬으로 이루어져서, 통일된 큰 나라가 생겨나기 어려웠지. 대신에 작은 도시 국가들이 여기저기 흩어져서 각자 독립된 나라로 살아갔어. 이런 작은 나라들이 수백 개나 되었는데, 이 도시 국가들을 '**폴리스**'라고 불렀지. 그 가운데 **아테네**는 가장 크고 강력한 폴리스였어.

아테네의 광장인 **아고라**는 늘 북적였어. 아고라는 평소에는 사람들이 물건을 사고파는 시장이 되기도 하고, 나랏일을 의논하는 회의장이 되기도 하는 곳이었지.

시끌벅적한 아고라에 누군가 황급히 달려와 소리쳤어.

"전쟁이다, 전쟁! 적이 쳐들어왔다!"

기습을 당한 아테네 사람들은 크게 놀랐지만, 익숙하게 자신이 맡은 일을 했어. 옛날 그리스에서는 전쟁이 너무나도 흔한 일이었거든. 전쟁이 날 때면 시민들은 철로 만든 갑옷을 입고, 무기를 챙겨 들었지.

"어서 아크로폴리스로 대피해요!"

전쟁에 나서지 않는 사람들은 도시 한가운데 있는 **아크로폴리스**로 대피했어. 높은 언덕인 아크로폴리스에는 단단한 요새를 지어서 적이 둘러싸도 오래 버틸 수 있었거든.

"신이 우릴 지켜 주실 겁니다! 병사들이 싸우는 동안 우리는 승리를 기원하는 제사를 지냅시다!"

경찰을 영어로 폴리스라고 하잖아요!

경찰(Police), 정치(Politics) 같은 영어 단어가 폴리스에서 갈라져 나온 말이란다. 폴리스(Polis)는 국가와 관련된 여러 단어에 흔적이 남아 있어.

아크로폴리스에는 도시를 지키는 수호신의 신전도 있었어. 신전에 모인 사람들은 하늘을 향해 기도했어. 아테네의 승리를 염원하는 마음이 하늘에 닿기를 바라며 말이야.

며칠이 지나고 마침내 아테네의 병사들이 기운찬 모습으로 돌아왔어. 아테네가 승리를 거둔 거야. 아테네 사람들은 아크로폴리스에서 내려와 병사들을 맞이하며 일제히 환호했어.

"신께서 우리의 소원을 들어주신 거예요! 아테네 만세!"

병사들은 갑옷을 집에 풀어 두고 아고라로 하나둘 모여들었어. 승리를 축하하는 축제가 기다리고 있었거든. 축배를 드는 아테네 사람들의 얼굴에는 웃음꽃이 활짝 피어났어.

용선생의 한 줄 정리

고대 그리스는 수백 개의 폴리스로 이루어져 있었어.
그중 아테네는 가장 크고 강력한 폴리스였지.

4년에 한 번 똘똘 뭉친 폴리스!

폴리스들은 쪼개져 자주 다투었지만, 자신들이 한 뿌리에서 나왔다고 생각했어. 그래서 4년에 한 번 올림피아에 모여 같은 신에게 제사를 지냈지. 이 제사를 올림피아 제전이라고 해. 올림피아 제전에는 단합을 위한 운동 경기도 포함되어 있었어. 경기 종목으로는 달리기, 레슬링, 전차 경주, 창던지기, 원반던지기 등이 있었지.

아테네의 주인은 누구일까?

"이번에 은광을 발견해서 나라 살림이 크게 늘었는데, 이 돈을 어디에 쓰면 좋겠소?"

"모든 시민들에게 골고루 나눠줍시다!"

"안 됩니다! 함대를 만들어 해군을 키워야 합니다!"

이른 아침부터 아고라는 시끌시끌했어. 오늘은 아테네에 들어온 큰돈을 어디에 쓸지 정하기로 한 날이거든. 아고라에 모인 시민들은 서로 옥신각신 이야기를 나누었어.

아테네의 시민들은 누구나 토론에 참여해 자기 의견을 낼 수 있었지. 시민이라면 누구나 정치에 참여할 수 있는 ★교과서 핵심어 **민주 정치**를 실시했던 거야.

시민들은 스스로 아테네의 주인이라 여겼고, 아테네의 민주 정치에 큰 자부심을 가졌어.

"왕이 아닌 시민들 스스로가 나랏일을 결정하는 게 훨씬 좋은 제도 아니겠소?"

"옳다마다! 시민들이 목숨 걸고 나라를 지키는데, 나랏일도 당연히 시민들이 책임을 져야지!"

그런데 회의장에 모인 사람들은 모두 남자들이었어. 아테네에서

질문 있어요!

아테네의 민주 정치와 오늘날의 민주 정치는 어떻게 다른가요?

아테네의 민주 정치는 모든 시민이 직접 참여하는 직접 민주주의였어. 반면 우리나라를 비롯해 오늘날 대부분의 민주주의 국가들은 국민이 대표를 뽑고, 그 대표들이 국민을 대신해 정책을 결정하는 간접 민주주의를 실시하고 있지.

▲ 도편 추방 투표를 할 때 사용한 도자기 조각

고대 아테네에서는 독재를 막기 위해 '도편 추방제'라는 제도를 만들었어. 해마다 시민들에게 깨진 도기 조각에 혹시 독재를 할 만한 위험인물의 이름을 적어 내도록 한 제도야. 6천 표 이상 이름이 나온 사람은 10년 동안 아테네를 떠나야 했어.

는 20세 이상의 남자들만 '시민'으로 불리며 정치에 참여할 수 있었거든. 여자나 노예, 어린아이들은 나랏일에 목소리를 낼 수 없었지.

시민들은 서로 이야기를 나누며 붉으락푸르락 얼굴색이 바뀌기도 했어. 의견이 맞지 않을 때는 버럭 화를 내기도 했지.

"다들 진정하시오. 이러다 날 새겠소. 이만 투표로 정합시다!"

"좋소! 새로 함대를 만드는 데 찬성하는 사람은 손을 드시오."

아테네의 시민들은 중요한 일을 결정할 때 손을 들어 투표하고, 더 많은 사람이 손을 든 의견으로 결정을 내렸어. 전쟁을 하거나 지도자를 뽑을 때, 새로 법을 만들 때도 투표로 결정했지.

반면, 사람을 처형하거나 추방하는 등 민감한 문제는 흰색, 검은색 조약돌을 넣거나, 도자기 조각에 이름을 써내게 했어. 누가 어떤 표를 던졌는지 알 수 없게 말이야.

함대를 만드는 일에 찬성한 사람이 많은지 주위를 둘러보니 손을 든 사람이 들지 않은 사람보다 확연히 많았어.

"찬성에 손을 든 사람이 더 많았습니다! 이번에 들어온 돈은 함대를 만드는 데 사용하겠습니다!"

손을 들어 찬성한 사람들은 해군이 활약해 바다를 장악하길 기대했지. 반대한 사람들도 아쉽지만 시민들이 함께 내린 결정이니 존중하기로 했어.

민주 정치가 뿌리내린 아테네는 시민들이 주인인 나라였어. 아테네는 민주 정치를 바탕으로 폴리스들 가운데 가장 앞서 나갈 수 있었단다.

 세계사 더 읽기

아테네의 라이벌, 스파르타

스파르타는 아테네와 달리, 폴리스 전체가 하나의 군대 같았지.

스파르타 남자아이들은 어려서부터 혹독한 훈련을 받으며 자랐어.

성인이 되면 군인이 되어 평생 나라를 지켰지. 덕분에 스파르타는 가장 강한 군사력을 가진 폴리스로 거듭날 수 있었어.

용선생의 한 줄 정리
아테네는 시민들이 나랏일을 결정하는 직접 민주 정치를 실시했어.

그리스와 페르시아의 대결

기원전 492년, 세력을 넓혀 가던 대제국 페르시아가 그리스에 쳐들어왔어. 페르시아는 그리스의 몇몇 폴리스를 지배했는데, 이 폴리스들이 반란을 일으켰지. 그런데 가장 큰 폴리스였던 아테네가 뒤에서 반란을 부추긴 사실이 드러난 거야.

"그리스는 대제국 페르시아에 무릎을 꿇어라!"

페르시아가 그리스와 전쟁을 선포했어. ★교과서 핵심어 **그리스 페르시아 전쟁**이 일어난 거야.

페르시아군은 페르시아와 그리스 사이에 흩어져 있는 섬들을 차례차례 점령해 나갔어. 폴리스들은 페르시아의 대군을 보고 싸우지도 않고 항복해 버렸지. 이제 아테네만 손에 넣으면 그리스는 페르시아의 차지였지.

"장군, 페르시아군이 아테네를 향해 오고 있다고 합니다!"

"마라톤 평원에서 막아야 한다! 마라톤 평원을 내주면 그리스를 페르시아에 빼앗기고 말 것이다!"

아테네를 지키려면 마라톤 평원에서 반드시 페르시아군을 막아야 했어. 드디어 아테네군과 페르시아군이 마라톤 평원에서 마주쳤지.

아테네의 병력은 페르시아군에 비하면 새 발의 피였어. 하지만 아테네군은 싸우지도 않고 항복하던 다른 폴리스들과 달랐어. 페르시아군이 배에서 내려 진영을 갖추기도 전에 기습적으로 페르시아군을 공격했지. 아테네군은 삼면에서 페르시

 질문 있어요!

아테네는 왜 다른 폴리스의 반란을 부추겼나요?

해안가에 자리한 아테네는 해상 무역으로 성장한 나라였어. 그런데 페르시아가 해안가의 다른 폴리스를 지배하자 자신들의 무역 활동을 방해할까 두려웠던 거야.

마라톤 평원은 아테네에서 40킬로미터 정도 떨어진 동쪽 해안 지방이야.

아군을 둘러쌌어. 그리고 바닷가쪽으로 몰아내기 시작했지. 페르시아군은 아테네의 공격에 크게 당황했어.

"아테네 군사들이 이렇게나 강했다니!"

페르시아군은 무차별적으로 내리꽂는 아테네군의 창을 당해 낼 수가 없었어. 결국, 승리의 신은 아테네의 손을 들어 줬지(마라톤 전투, 기원전 490년). 페르시아를 물리친 그리스는 황금기를 맞이했어.

용선생의 한 줄 정리
그리스의 폴리스들은 동맹을 맺어 거대한 제국 페르시아에 승리를 거뒀어.

질문 있어요!

마라톤 경기가 마라톤 전투와 관련이 있나요?

전투가 끝나고 그리스의 전령은 승리의 소식을 전하기 위해 아테네까지 쉬지 않고 달려갔대. 그리고 '아테네가 승리했다!'라고 외치고 숨을 거뒀다는 전설이 있어. 이 일을 기리기 위해 마라톤 경기가 시작되었지.

◀ **파르테논 신전** (그리스 아테네)
그리스 페르시아 전쟁에서 그리스가 승리한 것을 기념하여 세운 신전이야.

헬레니즘 시대를 연 알렉산드로스

알렉산드로스
(기원전 356년~기원전 323년)
마케도니아 왕으로서, 유럽부터 아프리카, 아시아에 걸친 대제국을 세웠어.

그리스의 폴리스들은 힘을 합쳐 페르시아를 물리쳤지만, 금세 또 자기들끼리 치고박고 싸우기 시작했어. 계속된 전쟁에 폴리스들은 차차 힘을 잃어 갔지. 그런데 그 틈을 타 그리스 북쪽의 마케도니아라는 나라가 스멀스멀 내려오더니, 그리스 땅 대부분을 차지해 버렸어.

마케도니아를 이끈 사람은 알렉산드로스라는 젊은 왕이었어. 알렉산드로스는 어렸을 때부터 그리스의 유명한 학자들에게 교육을 받았지. 그러던 어느 날, 스승에게 놀라운 이야기를 들었어.

"마케도니아에서 동쪽으로 나아가면 페르시아가, 더 동쪽으로 가면 세상의 끝인 인도가 있답니다."

동아시아의 존재에 대해 몰랐던 당시 그리스 사람들은 인도가 세상의 끝이라고 생각했어. 그 이야기를 들은 알렉산드로스의 눈이 번쩍였어. 그때부터 알렉산드로스에게는 세계를 정복하겠다는 큰 꿈이 생겼지.

알렉산드로스는 왕위에 오르자 곧바로 동쪽으로 원정을 계획했어. 하루빨리 세계를 정복하고 싶었거든.

"페르시아를 정복한 후에 인도까지 차지하고 말겠어!"

기원전 334년, 알렉산드로스는 당시 가장 큰 나라였던 페르시아를 정복하러 나섰어. 그리고 뛰어난 전술로 순식간에 페르시아의 수도가 있는 이란 고원과 아프리카의 이집트를 정복했지. 그리고 기세를 몰아 인도 서북부까지 나아갔어. 원정을 시작하고 고작 10여 년 만에 유럽, 아프리카, 아시아

질문 있어요!

알렉산드로스의 군대는 어떻게 그렇게 강했나요?

보병의 긴 창이 큰 역할을 했어. 알렉산드로스 군대의 보병들은 일반 보병보다 두 배나 긴 창을 썼다고 해.

에 걸친 대제국을 세운 거야.

알렉산드로스는 대제국을 유지하려면 그리스의 문화만 강요해서는 안 된다고 생각했어. 그래서 서쪽의 그리스 문화와 동쪽의 페르시아 문화를 조화롭게 아우를 수 있는 방법을 고민했지. 곰곰이 생각하던 알렉산드로스는 한 가지 방법을 떠올렸어.

"두 나라 사람들을 가족으로 이어 주는 건 어떨까?"

결혼을 통해 가족이 되면 자연스레 서로의 문화가 삶에 녹아들 거라 생각한 거야. 알렉산드로스는 본보기로 자신부터 페르시아 공주와 결혼식을 올렸어. 또 페르시아 옷을 입고 페르시아 사람들을 관리로 뽑기도 했지.

알렉산드로스는 새로운 땅을 차지할 때마다 자신의 이름을 딴 **알렉산드리아**라는 도시를 세웠는데, 그곳에 그리스 사람들을 옮겨 가 살게 했어.

▲ 알렉산드로스의 결혼
알렉산드로스와 페르시아 공주의 결혼식을 상상해서 그린 그림이야.

"그리스 학자들은 페르시아 책을 그리스어로 번역하고 연구하라."

그리스의 학자, 기술자, 군인, 상인들은 알렉산드리아로 넘어가 머물렀어. 그리고 그리스어를 공용어로 사용하며 그리스의 생활 방식과 문화를 퍼뜨렸지.

시간이 흘러 알렉산드로스가 전한 그리스 문화는 서아시아 각 지역의 문화와 만나 ★교과서 핵심어 '**헬레니즘 문화**'를 꽃피웠어. '헬레니즘'이라는 말은 그리스 사람들이 스스로를 '헬레네스'라고 부른 데서 나온 말이야. 헬레니즘은 이후 유럽 문화의 뿌리가 되었고, 아시아의 여러 나라에도 많은 영향을 주었단다.

용선생의 한 줄 정리
알렉산드로스 제국에서 그리스 문화와 서아시아의 문화가 만나 헬레니즘 문화가 만들어졌지.

◀ **밀로의 비너스**
아름다움의 여신을 표현한 조각상이야. 비스듬히 서 있는 자세 덕분에 자연스러운 몸의 곡선이 잘 드러나는 작품이지!

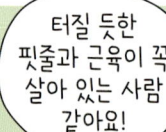

▲ **라오콘 군상**
신에게 노여움을 사서 뱀에 물려 죽어 가는 라오콘과 두 아들의 모습이야. 뱀에 물려 고통으로 몸부림치는 몸짓과 표정을 생생하게 나타냈어.

교과서에 나오는 중요한 내용을 정리했어!

수재의 세계사 노트

페르시아	키루스	① 바빌로니아를 무너뜨리고 서아시아를 통일 ② 정복한 민족들의 종교와 전통을 존중해 주는 관용 정책을 펼침
	다리우스	① 페르시아 곳곳에 신하를 보내 다스림 ② 제국 주요 도시를 연결하는 왕의 길을 만듦
그리스	폴리스의 형성	① 그리스에 수많은 도시 국가인 폴리스가 등장 (기원전 800년 무렵) ② 폴리스는 아크로폴리스와 아고라로 구성 ③ 그리스를 대표하는 최고 폴리스는 아테네!
	아테네	① 시민이 나랏일을 결정하는 민주 정치를 실시 ② 그리스 페르시아 전쟁에서 승리하며 전성기를 맞이함(기원전 5세기)
알렉산드로스 제국	알렉산드로스 제국의 탄생	① 마케도니아 왕 알렉산드로스가 유럽, 아프리카, 아시아에 걸친 대제국을 세움(기원전 4세기) ② 차지한 땅에 알렉산드리아라는 도시를 세우고 그리스 사람들을 이주시킴 ③ 그리스와 서아시아 문화가 어우러진 헬레니즘 문화 탄생

세계사 능력 시험

01 빈칸에 들어갈 말로 알맞지 <u>않은</u> 것은 무엇일까? (   )

① 자신의 종교를 다른 민족에게 강요했어요.
② 정복한 민족들의 종교와 전통을 존중해 주었어요.
③ 바빌로니아가 빼앗은 보물을 원래 주인에게 돌려주었어요.
④ 포로 생활을 하던 사람들을 원래 살던 곳으로 돌려보냈어요.

02 다음 중 페르시아에 대한 설명으로 알맞지 <u>않은</u> 것은 무엇일까? (   )

① 동아시아를 통일했어요.
② 바빌로니아를 무너뜨렸어요.
③ 강력한 군대 불사신 부대가 있었어요.
④ 다리우스왕 때 '왕의 길'을 건설했어요.

03 그림을 보고 친구들이 나눈 대화 내용으로 알맞지 <u>않은</u> 것은 무엇일까? (   )

주제: 그리스 폴리스

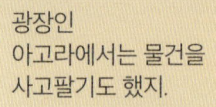

① 아크로폴리스는 나랏일을 의논하는 곳이었어.

② 광장인 아고라에서는 물건을 사고팔기도 했지.

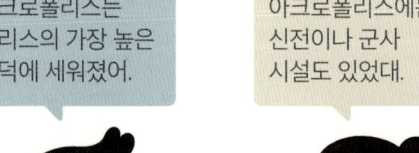

③ 아크로폴리스는 폴리스의 가장 높은 언덕에 세워졌어.

④ 아크로폴리스에는 신전이나 군사 시설도 있었대.

04 (가)에 들어갈 내용으로 알맞지 <u>않은</u> 것은 무엇일까?
( )

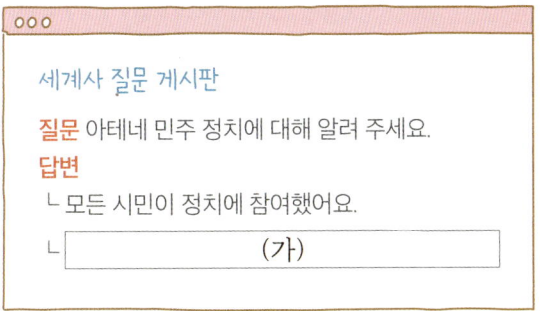

① 투표를 통해 지도자를 뽑았어요.
② 시민들은 아고라에 모여 토론을 했어요.
③ 여자들도 토론에 참여해 의견을 주고받았어요.
④ 남자는 20세 이상이어야 정치에 참여할 수 있었어요.

05 아테네 군사가 말하는 전투에 대한 설명으로 알맞은 것은 무엇일까? ( )

① 아테네가 전투에서 승리를 거두었어요.
② 페르시아가 마라톤 평원을 차지했어요.
③ 마라톤 평원은 원래 페르시아의 땅이었어요.
④ 이 전투를 계기로 그리스는 페르시아의 식민지가 되었어요.

06 밑줄 친 '나'의 이름으로 알맞은 것은 무엇일까?
( )

① 키루스
② 다리우스
③ 카이사르
④ 알렉산드로스

07 다음 작품이 만들어진 시대의 모습으로 알맞지 <u>않은</u> 것은 무엇일까? ( )

헬레니즘 문화의 대표작
〈라오콘 군상〉

① 그리스어를 공용어로 사용했어요.
② 그리스 사람들이 알렉산드리아로 이주했어요.
③ 그리스와 서아시아의 문화가 만나 헬레니즘 문화가 만들어졌어요.
④ 그리스 학자들은 인도와 중국의 책을 그리스어로 번역하고 연구했어요.

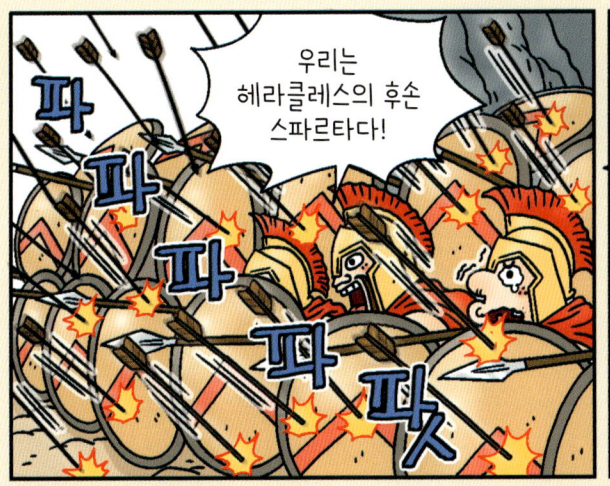

또다시 그리스를 쳐들어온 페르시아

마라톤 전투에서 패배한 페르시아는 또다시 그리스에 쳐들어왔어. 그리스는 연합군을 만들었고, 육군 지휘는 스파르타가 맡기로 했지. 스파르타의 레오니다스왕은 테르모필레라는 해안의 좁은 길목에 군사를 배치했어. 이 전투에서 수십만의 페르시아 군대에 스파르타 300명의 결사대가 모두 전사하고 말았지. 이 전투가 계기가 되어 그리스군이 똘똘 뭉쳐 반격에 나서며 결국 전쟁에서 승리를 거두었단다.

4 지중해 세계를 지배한 로마

여러 명이 함께 다스리는 로마

기원전 6세기 무렵, 지중해 한가운데 자리 잡은 이탈리아반도에 도시 국가 **로마**가 있었어.

로마에 중요한 회의가 있는 날, 여러 귀족이 한자리에 모였어.

"앞으로 왕 없이 로마를 어떻게 다스려야 할까요?"

당시 로마에는 왕이 없었어. 로마 사람들이 횡포를 부리며 자신들을 못살게 굴던 왕을 내쫓아 버렸거든.

"나라의 중요한 일들은 우리 귀족들이 회의를 해서 결정하면 되지 않을까요?"

기원전 510년, 로마의 귀족들은 회의를 통해 나라를 다스리기로 했어. 이렇게 여러 사람이 나라를 다스리는 정치 제도를 ★교과서 핵심어 **공화정**이라고 해. 로마에서는 300명의 귀족이 모여 **원로원**을 만들고, 여기서 나라의 중요한 일을 결정했지.

"큰 정책은 그렇게 정한다고 해도, 군대를 지휘하거나 재판을 하는 등 크고 작은 일 하나하나를 원로원에서 결정하기는 어렵습니다."

"투표를 통해 집정관을 뽑는 게 어떻겠소? 집정관은 군대를 지휘하고, 재판도 하고, 세금을 거두는 일을 하는 거요!"

회의장은 또 한 번 술렁였지.

"그런데 집정관이 왕처럼 멋대로 권력을 휘두르면 그때는 어떻게 하죠?"

"그러면 이렇게 합시다!"

로마 사람들은 투표를 통해 해마다 새로운 **집정관**을 뽑

> **질문 있어요!**
>
> **공화정은 민주 정치와 다른 말이에요?**
>
> 공화정은 여러 사람이 협력해서 다스리는 정치 제도야. 왕이 나라의 모든 일을 맡아서 하는 정치 제도인 '군주정'의 반대말이지.
> 민주 정치는 독재자 없이 국민이 주인이 되는 정치로 '독재 정치'의 반대말이야. 우리나라는 민주 정치를 시행하는 공화국이지.

질문 있어요!

원로원, 집정관은 오늘날로 치면 어떤 역할을 했어요?

원로원은 오늘날의 국회와 비슷한 역할을 했어. 로마 귀족들은 국회의원처럼 원로원에 모여 나랏일을 결정했지. 집정관은 나라의 행정과 군사를 맡아보던 사람으로, 대통령이나 총리와 비슷한 역할을 했어.

기로 했어. 대신 집정관은 두 명을 뽑기로 했지. 둘 중 한 명이 딴마음을 품고 권력을 독차지하려고 하면, 나머지 한 명이 가만두지 않을 거라고 생각한 거야.

이제 로마는 두 명의 집정관과 300명의 귀족으로 구성된 원로원이 나라의 정치를 맡게 되었어.

용선생의 한 줄 정리

로마는 원로원과 투표로 뽑힌 집정관이 다스리는 공화정을 실시했어.

로마의 건국 신화

어떤 나라의 공주가 쌍둥이를 낳았는데, 왕이 불길하다며 쌍둥이를 내다 버렸어.

저 형제들 없애 버렷!
쟤네 좀 불길해. 날 쫓아낼 것 같아.

버려진 아이들은 늑대의 젖을 먹고 살아났어.

굶어 죽게 둘 순 없지.

이후 어른이 된 형제는 왕을 내쫓고 각자 자신의 나라를 세웠지.

당신이 우리를 없애라고 했지?
거 봐! 내가 불길하댔지!

쌍둥이의 형 로물루스가 자신의 이름을 따 세운 나라가 바로 '로마'야.

새 나라를 세우겠다! 내 이름을 따서 '로마'!
로마
로물루스

지중해의 최강자를 가리다! 포에니 전쟁

로마는 서서히 세력을 넓혀 나갔어. 로마에 공화정이 실시되고 300여 년이 지나자 작은 도시 국가였던 로마는 이탈리아반도 전체를 차지하게 되었지. 이제 로마 사람들은 지중해로 눈을 돌렸어.

"지중해만 장악하면, 로마는 세계를 주름잡는 대제국이 될 것이다!"

지중해는 세 개의 대륙에 둘러싸여 있어서, 이땅 저땅 오고 가며 바닷길을 통한 무역을 하기에 딱이었거든. 그런데 로마를 가로막는 나라가 있었어. 카르타고라는 나라였지.

"어딜 넘봐! 지중해는 우리 카르타고 거라고!"

카르타고는 이탈리아반도 맞은편, 북아프리카에 자리 잡은 나라였어. 그 무렵 지중해에서 가장 부유할 뿐만 아니라 강력한 군대를 가진 강국이었지.

하지만 로마도 만만치 않은 상대였어. 두 나라는 지중해를 두고 여러 차례 전쟁을 치렀지. 이 전쟁을 **포에니 전쟁**이라고 해. 로마와 카르타고가 처음에는 엎치락뒤치락했지만, 시간이 지날수록 로마가 경쟁에서 조금씩 앞서 나가기 시작했어.

그러던 어느 날이었지. 어디선가 금방이라도 땅이 꺼질 듯한 굉음이 들려왔어. 저 멀리 뿌연 안개 속 커다랗고 시커먼 형체가 로마 군사들을 향해 사납게 돌격해 왔지. 그건 바로 카르타고의 장군 한니발의 군대였어.

'포에니'가 무슨 뜻이에요?

포에니는 '페니키아인'을 뜻하는 말이야. 카르타고는 서아시아 지역의 페니키아인이 세운 식민 도시였어. 그래서 로마 사람들이 카르타고인을 '포에니'라고 부른 거야.

　카르타고의 장군 한니발은 로마의 해군이 지키는 바다를 피해 험난한 알프스산맥을 넘어 로마를 덮쳤어. 한니발의 등장에 로마는 쑥대밭이 되었지. 높이가 4천 미터가 넘는 산들이 줄지어 있는 알프스산맥을 넘어 쳐들어올 거라고는 아무도 생각하지 못했거든. 한니발이 로마를 점령하는 건 이제 시간문제였어.

　그때, 로마의 장군 스키피오가 기막힌 방법을 생각해 냈지.

　"한니발과 싸우지 말고 바다로 카르타고를 공격합시다!"

　한니발이 로마의 허를 찌른 것처럼, 로마도 카르타고의 허를 찌르기로 한 거야.

　로마가 카르타고로 쳐들어가자, 놀란 카르타고 사람들은 부랴부랴 한니발에게 전갈을 보냈어. 한니발의 군대가 없이는 로마군을 막을 수 없었거든.

　"카르타고로 돌아와서 우리를 구해 주시오!"

　한니발은 로마 정복을 코앞에 둔 채 카르타고로 돌아가야 했어. 그리고 그곳에서 스키피오가 이끄는 로마군과 전쟁을 치렀지만 결국 패하고 말았지.

　포에니 전쟁은 로마와 카르타고가 기원전 264년부터 100년 넘게 치열하게 싸운 전쟁이었어. 그리고 이 전쟁에서 승리하면서 로마가 지중해의 주인공으로 우뚝 서게 되었지.

용선생의 한 줄 정리

포에니 전쟁에서 승리한 로마가 지중해의 패권을 쥐게 되었어.

로마의 두 영웅, 카이사르와 옥타비아누스

"카이사르 장군이 갈리아 지방을 점령했다는군!"

"역시 카이사르 장군이라니까! 로마가 날로 강해지고 있어!"

오늘도 로마의 거리는 여기저기서 **카이사르**를 칭찬하는 목소리로 가득했어.

카이사르는 로마 사람들에게 가장 사랑받는 군인이자 정치인이었지. 뛰어난 장군이었던 카이사르는 군대를 이끌고 7년 만에 갈리아 지방을 정복해 버렸어.

갈리아는 지금의 프랑스 지역으로 땅이 넓고 비옥해 로마가 오래 전부터 눈독을 들이던 곳이었어. 그런 지역을 카이사르가 정복했으니, 로마의 영웅이 될 수밖에 없었지.

"아니, 저러다 카이사르가 왕이 되면 어떡하오!"

카이사르의 인기가 나날이 커지자 귀족들이 카이사르를 견제하기 시작했어. 혹시라도 자신들을 내쫓고 로마를 독차지할까 하고 말이야.

불안했던 귀족들은 카이사르를 죽일 음모를 꾸몄어.

"카이사르 군대는 강해서 정면 승부로는 절대 이길 수 없어요. 카이사르에게 군대를 해산하고 혼자 로마로 들어오라고 합시다."

명령을 전해 들은 카이사르는 고민에 빠졌어. 명령대로 혼자 로마에 들어갔다가는 붙잡혀 죽을 것이 불 보듯 뻔했거든.

"명령을 따른다면 귀족들의 손에 죽을 것이고, 따르지 않는다면 반역자가 되겠구나."

카이사르
(기원전 100년~기원전 44년)
로마의 정치가이자 장군이야. 서양 역사에 큰 영향을 미쳐서, 이후 그의 이름이 통치자의 칭호로 사용될 정도였어. 러시아의 황제를 '차르'라고 했는데, 바로 카이사르의 이름을 러시아식으로 읽은 거란다.

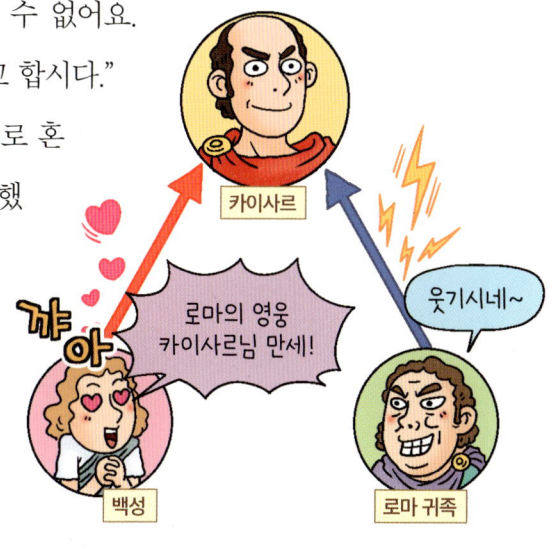

카이사르는 심사숙고 끝에 명령을 거역하고 군대를 끌고 로마로 진격했어. 결국 반란을 선택한 거야!

"이제 뒤는 돌아보지 마라. 우리에게는 진격뿐이다. 주사위는 던져졌다!"

카이사르의 군대가 로마에 들어서자 귀족들은 숨고 도망치기 바빴어. 카이사르는 무력으로 권력을 차지하고 **독재관**의 자리에 올랐지. 로마의 모든 권력을 혼자서 손에 쥐게 된 것이었어.

숨어 있던 귀족들은 황제처럼 권력을 휘두르는 카이사르가 못마땅했어. 결국 몇 명의 귀족이 힘을 모아 카이사르를 암살해 버렸지.

"이럴 수가… 카이사르가 암살당하다니…"

"카이사르 장군은 우리의 영웅이었어요. 당장 암살범을 잡아 처벌합시다."

카이사르가 죽었다는 소식이 전해지자 로마 사람들은 큰 슬픔에 잠겼어. 이때 로마 사람들을 위로하며 새로 권력을 잡게 된 사람은 카이사르의 **양자**이면서 후계자였던 **옥타비아누스**였어.

옥타비아누스는 귀족들의 힘을 누르고 로마의 모든 군대를 손에 넣었지. 옥타비아누스가 이집트까지 점령해 버리자, 로마 사람들은 옥타비아누스의 이름을 외치며 환호했어.

> **곽두기의 용어 사전**
>
> **독재관**
> 로마 공화정 시대에, 나라가 위급할 때 최고의 권력자 역할을 할 수 있게 주어진 관직이었어.
>
> **양자**
> 친자식은 아니지만, 데려다가 친자식처럼 기르는 아들을 말해.

▼ 카이사르의 죽음

"옥타비아누스 만세!"

옥타비아누스는 로마의 일인자가 되었어. 그는 원로원으로부터 '존엄한 사람'을 뜻하는 **아우구스투스**라는 칭호를 받았고, 로마의 최고 시민으로 추대되었지. 모든 권력을 손에 쥐었지만 옥타비아누스는 항상 겸손했어. 카이사르가 그를 시기하던 귀족들의 손에 암살당했다는 사실을 결코 잊지 않았거든. 그래서 죽을 때까지 스스로 황제라고 하지 않았지.

하지만 옥타비아누스가 사실상 황제라는 사실은 누구도 부인할 수 없었어. 옥타비아누스 이후 로마는 황제가 다스리는 나라가 되었지. 기원전 1세기 무렵, 로마에 공화정이 막을 내리고 황제가 다스리는 ★교과서 핵심어 **제정**이 시작된 거야.

옥타비아누스
(기원전 63년~기원후 14년)
아우구스투스라는 칭호로 많이 불리기도 해. 카이사르와 함께 서양 역사에 큰 영향을 미쳤지. 달력에서 7월(July)과 8월(August)이 각각 율리우스(Julius) 카이사르와 아우구스투스(Augustus)의 이름을 딴 달이란다.

 **용선생의 한 줄 정리**
카이사르가 독재 정치를 펼치고, 그 뒤를 이은 옥타비아누스가 실질적인 황제가 되어 로마의 제정이 시작되었어.

옥타비아누스, 이집트를 점령하다

옥타비아누스는 카이사르의 부하인 안토니우스와 권력 다툼을 벌이고 있었어. 그러던 도중 안토니우스가 이집트의 여왕 클레오파트라와 사랑에 빠져 자신의 재산과 땅을 클레오파트라와 아이에게 물려주겠다고 했지. 로마 사람들은 안토니우스가 로마를 배신했다며 비난했어. 옥타비아누스는 안토니우스를 물리치고 이집트까지 로마의 영토로 만들어 버렸지.

▲ 클레오파트라를 만난 안토니우스

모든 길은 로마로 통한다

옥타비아누스 이후 로마는 유럽에서부터 서아시아와 북아프리카까지 지중해 세계 전체로 영토를 크게 확장했지. 로마의 전성기 때 200여 년간의 평화 시대가 지속되는데, 이때를 '로마의 평화'라고 특별히 이름 지을 정도였지.

여기 한 로마 귀족의 여행을 따라 로마의 평화 시대에 살았던 로마 사람들의 생활을 알아볼까?

마르쿠스는 이집트 지역의 귀족이었는데, 배를 타고 그리스를 거쳐 로마 제국의 수도 로마까지 여행 중이었어.

'로마'는 거대한 제국을 말하기도 하고, 로마 제국의 수도인 도시 로마를 뜻하기도 했어. '모든 길은 로마로 통한다'고 말할 정도로 도시 로마는 당시 지중해 세계 모든 도시들과 연결되어 있었지. 그리고 그 길을 따라 세상의 모든 물건이 흘러 들어왔어.

"전국에 도로가 잘 놓여 있으니 여행하기가 정말 편하군."

로마는 거대한 제국을 유지하기 위해 나라 곳곳을 잇는 도로를 건설했어. 바닥에 네모난 돌을 반듯하게 깔아 물자와 군대가 손쉽게 오갈 수 있었지. 군대가 도로를 오가니 산적이나 강도들이 발붙이기도 힘들었어.

"이제 로마가 보이는구먼. 정말 놀라운 도시야."

마르쿠스는 로마 시내를 둘러싼 거대한 건축물을 보며 중얼거렸어. 가까이서 보니 그 건축물은 물이 흐르는 수도교였어. 큰 다리를 곳곳에 연결해

▲ 수도교(프랑스)
물을 끌어올리기 위한 전기가 없던 로마 시대에는 이렇게 물의 높낮이 차이를 이용해 물을 끌어왔지.

로마 사람들에게 깨끗한 물을 공급하고 있었지.

로마는 그리스를 비롯해 주변 여러 나라의 영향을 받으며 성장했어. 정복한 지역의 다양한 문화를 받아들여 자신들의 문화를 발전시킨 거야. **법률**과 **건축** 등 실용적인 부분에서는 다른 나라보다 훨씬 뛰어난 모습을 보였지. 특히 사람들이 실제로 이용하는 건축물이 발달했어. 그게 바로 도로와 수도교 같은 것들이었지.

로마 시내에 도착한 마르쿠스는 공중목욕탕을 찾았어. 로마 시내에는 로마인들의 자랑거리인 공중목욕탕이 있었거든. 목욕탕에 몸을 담그니 여행의 피로가 싹 씻기는 느낌이었지. 더불어 로마의 시민이라는 데 자부심도 느끼면서 말이야.

▲ 콜로세움(이탈리아 로마)
로마 제국 시대에 만들어진 원형 경기장이야. 주로 검투사의 시합이나 사람과 맹수와의 싸움 등이 벌어졌어.

 **용선생의 한 줄 정리**
'로마의 평화'로 전성기를 누린 로마는 법과 건축에서 세계사에 큰 영향을 미쳤어.

로마
로마 수도교 봤음~!

콜로세움 경기장
옆 사람이랑 내기함~!
검투사 이겨라!

공중목욕탕
오늘 친구 많이 사귐~
내일 또 갈게!

크리스트교의 등장

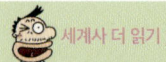

유대교와 크리스트교

유대교와 크리스트교는 이스라엘에서 시작되었다는 점, 오직 하나의 신인 하느님만을 믿는다는 점에서 비슷한 부분이 있어. 하지만 유대교의 하느님은 유대인만을 구원한다고 한 데 반해, 크리스트교의 하느님은 세상 모두를 구원한다고 해. 그래서 유대교는 유대인만의 종교로 남았고, 크리스트교는 전 세계로 퍼져서 가장 많은 사람이 믿는 종교가 되었지.

로마는 여러 명의 신을 모시며 살았어. 그런데 로마가 점령한 지역에는 다른 믿음을 가진 사람들도 살고 있었지. 바로 유대인이야.

"언젠가 하느님께서 반드시 우릴 구해 주실 거야."

유대인들은 오직 하나의 신, 하느님만을 섬기라고 가르치는 유대교를 믿었지. 유대인들은 나라 없는 민족이었는데, 언젠가 하느님이 구세주를 보내 자신들의 나라를 세우게 될 거라는 믿음을 가지고 있었어.

그러던 어느 날, 예수가 나타나 자신이 하느님의 아들이며, 세상 모든 사람에게 하느님의 사랑을 전하겠다고 말했지.

"하느님은 모든 사람을 사랑하십니다."

가난한 사람을 돕고, 병든 사람을 고치고, 사람들에게 먹을 빵을 나눠 주는 예수의 모습에 예수를 믿고 따르는 사람이 점점 많아졌어.

하지만 이런 모습을 눈엣가시로 여긴 사람도 있었어. 바로 신에게 제사를 지내는 유대교 사제들이었지.

"하느님은 유대인만의 하느님이야. 우리의 하느님이 왜 다른 민족을 사랑하고 구원해? 저자는 사기꾼이다!"

유대교 사제들은 예수를 잡아다 로마 군대에 넘겨 버렸어. 예수는 반란을 일으키려 한다는 누명을 쓰고 결국 십자가에 못 박혀 처형당하고 말았지.

그 뒤로 예수의 제자들은 예수의 가르침을 전하기 시작했어. 예수의 가르침은 종교가 되었지. **크리스트교**가 탄생한 거야. 크리스트교에서는 하느님만 믿으면 누구나 죽어서 천국에 갈 수 있다고 했어.

"나처럼 천한 사람도 구원해 주신다고?"

로마 사람들은 예수의 가르침에 위안을 얻었어. 그렇게 크리스트교는 로마 제국 곳곳으로 퍼져 나갔지. 하지만 황제나 귀족들은 옛날부터 믿던 로마의 신들을 무시하고 하느님에게만 예배를 드리는 이 종교가 영 내키지 않았지.

"로마가 전쟁에서 패한 게 다 크리스트교 때문이다. 크리스트교도들을 모두 잡아들여라!"

로마의 황제들은 크리스트교도를 닥치는 대로 붙잡아 처형했어. 하지만 **박해**가 심해질수록 크리스트교도들은 하나로 똘똘 뭉쳤지. 심지어는 지하에 굴을 뚫어 교회를 만들기도 했어.

예수가 처형당한 지 300년 가까이 지나자 로마에는 크리스트교가 널리 퍼져 더 이상 손쓸 수 없을 지경이 되었어. **콘스탄티누스** 황제는 생각을 바꿔 크리스트교를 인정해 주기로 했지.

"누구든 원한다면 크리스트교를 믿어도 좋다!"

313년, 콘스탄티누스는 크리스트교를 인정한다고 선언했어. 이후 크리스트교는 로마 제국의 중심 종교로 완전히 뿌리내리게 되었지.

 곽두기의 용어 사전

박해
힘이나 권력을 가지고 다른 사람을 괴롭히거나 못살게 구는 걸 말해.

콘스탄티누스 (272년~337년)
로마 제국에서 크리스트교를 믿은 첫 번째 황제야. 로마 제국의 수도를 로마에서 비잔티움으로 옮기기도 했지. 비잔티움은 오늘날 튀르키예의 이스탄불이야.

 **용선생의 한 줄 정리**
크리스트교가 로마 제국의 중심 종교가 되었어.

▼ 지하 공동 묘지, 카타콤
크리스트교도들이 초기에 로마 제국의 박해를 피해 예배를 드렸던 지하 무덤이야.

서로마가 멸망하다

침입자다! 비명과 함께 로마의 국경은 금세 아수라장이 되었어. 누군가 또 국경을 넘어 로마 제국을 쳐들어온 것이었지.

200여 년간의 '로마의 평화'가 끝난 뒤, 로마의 국경은 하루도 조용한 날이 없었어. 로마를 약탈하려는 침입자들이 매일 같이 쳐들어 왔거든. 로마 제국이 커지고 국경선이 길어지면서 어쩔 수 없는 일이기도 했지. 국경선이 길어진다는 건 그만큼 싸워야 할 적이 많아진다는 뜻이기도 했으니까 말이야.

아무리 강력한 로마 제국이라고 해도 국경선 전체에 군대를 배치하긴 어려웠지. 외적이 쳐들어왔다는 소식이 들리면 군대가 출동해서 외적과 싸우는 식이었어. 그런데 먼 거리 때문에 군대가 출동해보면 적은 이미 도망가고 없는 경우가 많았지. 심지어는 적을 막기 위해 황제 자리에 있는 기간 내내 수도 로마로 돌아오지 못하고 국경 지역에만 머무른 황제도 있었어.

"이 넓은 로마를 나 혼자 다스리는 건 무리다. 황제가 두 명은 있어야 나라를 지킬 수 있을 것이다."

로마는 동쪽과 서쪽에 각각 황제를 한 명씩 두어 외적을 방어하기로 했어. 그런데 황제가 두 명이 되니 동쪽의 로마와 서쪽의 로마는 하나의 나라로 보기가 힘들었지. 결국 로마 제국은 **동로마 제국**과 **서로마 제국**의 두 나라로 쪼개졌어. 동로마 제국은 이후 '비잔티움 제국'이라고도 불렀어.

그러던 어느 날, 로마의 북쪽에 살던 **게르만족**이 무슨 이유에서인지 로마 영토로 밀려 들어오기 시작했어.

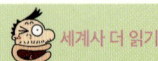 세계사 더 읽기

비잔티움 제국

비잔티움은 동로마 제국의 수도 이름이었지. 비잔티움 제국은 로마 제국처럼 도시의 이름을 딴 나라 이름이지. 비잔티움은 이후에 콘스탄티노폴리스로 이름이 바뀌었고, 오스만 제국이 차지한 이후에는 이스탄불로 불리게 되었단다.

 질문 있어요!

게르만족은 어떤 사람들이에요?

게르만족은 로마의 북쪽에 살던 민족이야. 로마 영토로 들어오기 전에는, 국가를 세우지 못한 채 여러 부족으로 나뉘어 살았어. 오늘날 독일, 영국, 네덜란드, 북유럽의 나라들이 게르만족의 후예란다.

"훈족이 갑자기 들이닥치는 바람에 정착할 곳이 필요해요. 로마 영토에 들어와 살게 해 주세요."

알고 보니, 멀리 동쪽 초원에 있던 훈족이라는 유목 민족이 서쪽으로 이동한 거야. 그러면서 게르만족을 거세게 밀어붙이자 훈족에게 쫓긴 게르만족이 도미노처럼 밀려 로마의 국경을 넘어온 것이었지.

특히 서로마 지역으로 많은 게르만족이 넘어왔어. 서로마 제국은 고민에 빠졌지. 로마에 위협이 될 수도 있는 게르만족을 무작정 받아들이기도 어렵고, 그렇다고 이들을 막아 낼 힘이 있는 것도 아니었거든.

"게르만족을 로마의 병사로 고용해야겠군. 그러면 **이민족**으로 이민족을 막는 셈이 되겠어."

로마는 국경을 지키기 위해 게르만 병사들을 **용병**으로 받아들이기로 타협했어.

곽두기의 용어 사전

이민족
언어나 풍습 등이 다른 민족을 말해.

용병
돈을 주고 고용한 병사를 말해.

게르만족의 이동

질문 있어요!

동로마는 왜 서로마를 돕지 않았나요?

동로마 제국도 외적의 침입을 막느라 당장 게르만족을 막을 힘이 없었거든. 결국, 동로마 제국의 황제는 서로마 황제를 쫓아낸 오도아케르를 서로마 총독으로 임명할 수밖에 없었단다.

이후 서로마 제국에는 게르만족이 계속해서 늘어났어. 나중에는 서로마의 군대는 거의 게르만족의 군대나 다름없게 되었지. 국경의 수비는 더욱 약해졌고, 로마 국경 밖에 살던 게르만족도 로마를 자기 집 넘나들듯 침범했어.

서로마는 눈에 띄게 힘을 잃어 갔어. 더 이상 '로마의 평화'를 누리던 로마 제국이 아니었지. 로마가 힘을 잃자 게르만족 출신의 장군 오도아케르가 마침내 반란을 일으켰어.

"서로마 황제는 물러가라! 이제 로마는 게르만족의 것이다!"

476년, 오도아케르가 서로마 황제를 몰아내 버리고 서로마 제국을 멸망시켰지. 서로마 제국은 그렇게 허무하게 역사 속으로 사라지고 말았어. 서로마 제국이 있던 땅에는 이제 새로운 나라들이 역사를 이어 가게 되었지.

용선생의 한 줄 정리

로마 제국은 동로마 제국과 서로마 제국으로 나뉘어지고, 서로마 제국은 476년 게르만족에 의해 멸망하고 말았어.

▼ **포로 로마노**(이탈리아 로마)

'로마의 광장'이라는 뜻이야. 로마의 관청, 법정, 은행, 시장, 신전 등 주요 시설들이 모여 있는 로마의 중심지였지. 서로마 제국 멸망 이후 폐허가 되어 버렸어.

말풍선: 교과서에 나오는 중요한 내용을 정리했어!

수재의 세계사 노트

로마 공화정	로마 공화정 수립	① 귀족들이 왕을 몰아내고 **공화정**을 수립 (기원전 510년) ② **카르타고**와의 전쟁에서 승리해 지중해를 장악 (포에니 전쟁)
로마 제정	로마 제정 시작	① **카이사르**가 로마를 장악해 독재 정치를 펼쳤으나 암살당함 ② **옥타비아누스**가 황제가 되어 나라를 다스림 (기원전 27년)
	로마의 평화	① 지중해를 중심으로 200년간 평화로운 시대가 계속됨 ② 제국 곳곳에 **도로**를 깔아 사람과 물자가 쉽게 이동 ③ 실용적인 건축과 법률 발달
로마의 쇠퇴	크리스트교의 등장	① **크리스트교**가 로마 곳곳에 퍼짐 ② **콘스탄티누스**가 크리스트교를 인정 (313년)
	서로마 제국의 멸망	① 로마 제국이 서로마 제국과 동로마 제국으로 분열 ② 서로마 제국이 **게르만족**의 침입으로 멸망 (476년)

세계사 능력 시험

01 질문에 대한 대답으로 알맞지 않은 것은 무엇일까?
( )

기원전 510년, 귀족들이 왕을 쫓아냈어요. 이후 로마의 정치는 어떻게 변했을까요?

① 봉건제를 실시했어요.
② 집정관이 군대를 지휘했어요.
③ 매년 투표를 통해 두 명의 집정관을 뽑았어요.
④ 여러 명의 귀족으로 구성된 원로원을 두었어요.

02 다음 가상 다큐멘터리에서 볼 수 있는 장면으로 알맞은 것은 무엇일까? ( )

> **역사 다큐멘터리**
> **지중해를 차지하라!**
>
> **기획 의도**
> 기원전 264년에서 기원전 146년까지 치른 로마와 카르타고의 전쟁을 알아본다.

① #1 서아시아를 통일한 키루스
② #2 알렉산드리아를 세운 알렉산드로스
③ #3 카이사르의 죽음으로 혼란에 빠진 로마
④ #4 알프스산맥을 넘어 로마를 급습한 한니발

03 다음 사건 뒤에 일어난 일로 알맞은 것은 무엇일까?
( )

① 카이사르가 황제를 내쫓았어요.
② 카이사르가 독재관의 자리에 올랐어요.
③ 카이사르가 갈리아 지방을 정복했어요.
④ 카이사르가 집정관 자리에서 쫓겨났어요.

04 아래 인물이 한 일로 알맞은 것은 무엇일까?
( )

① 왕의 길을 건설했어요.
② 페르시아를 정복했어요.
③ 카이사르 암살에 앞장섰어요.
④ 이집트를 점령하고 로마의 모든 권력을 차지했어요.

05 빈칸에 들어갈 문화유산으로 알맞은 것은 무엇일까?
( )

> **답사 계획서**
>
> **목표** 로마 시대에 만들어진 문화 유적을 살펴본다.
> **장소** 이탈리아 로마
>
> **주요 답사 문화유산**
> **1) 콜로세움** 로마의 원형 경기장이자 극장. 검투사와 짐승과의 격투를 비롯해 다양한 공연이 펼쳐졌다.
>
> 2) [   ]

① 수도교

② 만리장성

③ 피라미드

④ 파르테논 신전

06 (가)에 들어갈 인물로 알맞은 것은 무엇일까?
( )

이곳은 크리스트교도들이 초기에 로마 제국의 박해를 피해 예배를 드렸던 지하 무덤 카타콤이에요. 크리스트교는 훗날 로마의 [(가)] 때 이르러 인정받을 수 있었어요.

① 다리우스
② 카이사르
③ 옥타비아누스
④ 콘스탄티누스

07 ㉠~㉢을 순서대로 바르게 나열한 것은 무엇일까?
( )

> ㉠ 포에니 전쟁에서 로마가 승리했어요.
> ㉡ 게르만족의 침입으로 서로마 제국이 멸망했어요.
> ㉢ 로마의 귀족들이 왕을 몰아내고 공화정을 세웠어요.

① ㉠-㉡-㉢
② ㉡-㉠-㉢
③ ㉢-㉠-㉡
④ ㉢-㉡-㉠

폼페이 발굴 모습은 어땠을까?

1700년대부터 폼페이 발굴이 시작되었어. 발굴 과정에서 정지 화면처럼 굳은 로마 시대의 한 장면이 고스란히 모습을 드러내기 시작했지. 원형 경기장, 신전, 시장의 가게, 집 안을 장식한 그림과 순간적으로 화산재에 묻혀 움직이던 자세 그대로 죽음을 맞이한 사람들의 시신까지 발견되었단다.

02
종교를 중심으로 지역 문화가 형성되다

교과 연계

초등학교 사회 6-2 1. 세계 여러 나라의 자연과 문화
중학교 역사 ① Ⅱ 세계 종교의 확산과 지역 문화의 형성

1. 여러 종교가 어우러진 인도 문화
2. 당나라를 중심으로 형성된 동아시아 문화
3. 이슬람 제국이 동서 교역을 장악하다
4. 크리스트교와 유럽 문화

1 여러 종교가 어우러진 인도 문화

아리아인이 인도를 장악하다

으악~ 사람들의 비명이 들려왔어. 거칠게 다가오는 말발굽 소리도 들렸지.

"아리아인이 나타났다!"

아리아인이 나타났다는 소식에 인도 원주민들은 겁에 질려 허둥지둥 도망쳤어. 아리아인은 중앙아시아 초원에서 유목 생활을 하던 민족이야. 그런데 언젠가부터 남쪽으로 이동해 오더니 결국 인도까지 쳐들어온 것이었지.

아리아인은 유목 민족이라 어릴 때부터 말과 같이 생활해서 말을 무척 잘 다뤘어. 게다가 철로 만든 강력한 무기를 갖고 있었지. 인도 사람들로서는 도저히 당해 낼 수가 없었어. 인도에는 아직 철로 만든 무기가 없었거든.

기원전 1500년 무렵, 결국 아리아인이 인도 북부 지역을 차지하고 인도 사람들을 지배하게 되었지. 아리아인은 인도 사람들을 손쉽게 다스릴 방법이 없을까 고민했어.

"저들을 가만히 두면 반란을 꾸밀지도 몰라. 우리를 우러러보게 만들어야겠다!"

아리아인은 **카스트**라는 신분 제도를 만들었어. 아리아인이 높은 계급에 속하고, 인도 원주민은 낮은 계급에 속하게 되었지. 카스트 제도는 아주 엄격했기 때문에 죽을 때까지 주어진 계급을 벗어날 수 없었어.

아리아인의 이동

카스트 제도에서 가장 높은 계급을 차지한 건 브라만이라고 불리는 제사장들이었어. 인도에서는 신이 세상 모든 것을 결정한다고 믿었기 때문에 신에게 제사 지내는 일을 매우 중요하게 생각했지.

"우리 브라만이 제사를 지내지 않으면 너희는 모두 천벌을 받게 될 거야. 그러니 우리 말을 잘 듣도록 해!"

브라만은 제사를 지낸다는 핑계로 사람들의 돈과 음식을 빼앗았어. 사람들은 제사 비용을 대느라 쫄쫄 굶을 지경이었지. 하지만 혹여 신에게 미움을 받을까 봐 브라만에게 감히 대들지도 못했어. 브라만 없이 제사를 지내고 싶어도 과정이 무척이나 복잡한 데다, 제사 내용이 적힌 경전은 브라만들 외에는 읽을 수도 없었지.

 곽두기의 용어 사전

독점
혼자서 다 가진다는 뜻이야.

이렇게 브라만들이 제사를 독점한 종교를 브라만교라고 해. 종교이긴 하지만 우리가 생각하는 종교처럼 딱 정해진 교리가 있는 건 아니었어. 여러 신을 모시고 브라만이 제사를 지낸다는 공통점 외에는 지역마다 그 모습이 제각각이었지.

그래도 브라만교가 인도 사람들의 일상에 깊이 스며들었고, 카스트 제도에 따라 차별이 심해진 것은 분명했어.

"모두 물렀거라! 브라만님이 행차하신다. 낮은 신분들은 당장 몸을 숨겨라!"

브라만이 나타나면 계급이 낮은 사람들은 후다닥 몸을 감췄어. 브라만교에서는 자기보다 낮은 계급에 속한 사람이 옆에 있으면 몸과 영혼이 더러워진다고 믿었거든.

그런데도 인도 사람들은 불만을 가지기보다는 오히려 자기 스스로를 탓했지.

"어쩌겠어…. 내가 전생에 나쁜 짓을 했겠지…."

인도 사람들은 사람이 죽고 다시 태어난다고 생각했어. 만약 **전생**에 좋은 일을 많이 했으면 다음 생에 높은 계급으로 태어나고, 반대로 나쁜 짓을 저질렀으면 낮은 계급으로 태어난다고 믿었지. 그러니 신분이 낮다는 것은 전생에 나쁜 짓을 했기 때문이라고 생각한 거야. 카스트 제도에서 신분이 낮았던 사람들의 삶은 몹시도 고달팠단다.

 곽두기의 용어 사전

전생
이 세상에 태어나기 이전의 생애를 말해.

 **용선생의 한 줄 정리**
아리아인이 인도에 쳐들어와 카스트 제도를 만들고, 브라만들이 제사를 독점했어.

아직도 카스트 제도가 남아 있다고요?

카스트 제도는 사람을 크게 네 계급으로 나눴어. 한번 정해진 계급은 절대 바꿀 수 없었지. 그리고 이 네 계급에 속하지 못한 불가촉천민도 있었어. 불가촉천민은 '손도 닿지 말아야 할 천민'이라는 뜻이야. 카스트 제도는 현재 법으로 금지되었지만, 생활 속에서는 여전히 차별이 남아 있어. 인도 정부는 이러한 차별을 없애기 위해 노력하고 있단다.

불교를 창시하다

기원전 500년 무렵, 인도는 여러 개의 작은 나라로 이루어져 있었어. 이때 한 왕국에서 왕자가 태어났지. 왕자의 이름은 **싯다르타**였어.

왕은 왕자를 무척 아낀 나머지 궁전 밖으로 한 발짝도 못 나가게 했어. 궁전 안에서 즐겁고 아름다운 것만 보고 자라길 바랐던 거야. 싯다르타는 화려한 궁전에서 맛있는 음식을 먹으며 무럭무럭 자랐지.

"세상은 신나고 재밌는 일로 가득하구나. 궁전 밖도 그렇겠지?"

어느 날, 싯다르타는 문득 바깥세상이 어떤지 궁금해졌어. 어렵사리 왕의 허락을 받은 싯다르타는 서둘러 궁전을 나섰어.

바깥세상은 시끌벅적했지. 상인들은 목청 높여 손님을 모으고 아이들은 거리를 뛰놀았어. 그 모습을 본 싯다르타는 한껏 기대에 부풀었지.

그런데 바로 그때였어.

"으으…."

싯다르타가 골목길을 지나는데, 웬 허리 굽은 노인이 금방이라도 쓰러질 듯 비틀거리고 있는 거야. 젊은 싯다르타의 눈에 노인은 너무나도 고통스러워 보였지. 몇 걸음 더 옮기자, 이번에는 또 다른 길목 구석에서 비명이 들려왔어. 통증을 참지 못한 병자가 내지른 비명이었지. 싯다르타는 깜짝 놀라 신하에게 물었어.

"저들은 왜 저렇게 괴로워하는 거지?"

"사람은 모두 늙고 병들기 마련이니까요. 저들은 얼마 가지 않아

▲ 요가하는 인도 사람
인도에서는 지금도 명상과 수행을 통해 깨달음을 얻으려 노력하는 사람들이 있어. 요가도 수행의 방법으로 만들어진 거야.

죽고 말겠군요."

싯다르타는 그 자리에서 꼼짝도 할 수 없었어. 세상에는 즐거움만 있는 게 아니라 괴로움 역시 존재한다는 사실을 깨달은 거야.

"나 역시 언젠가는 늙고 병들어 죽겠구나! 나는 앞으로 어떻게 살아야 할까?"

고민에 빠진 싯다르타는 왕자라는 신분을 버리고 수행을 떠났어. 삶의 의미를 찾기 위해 이곳저곳을 떠돌아다녔지. 그렇게 몇 년이 흐른 어느 날, 보리수나무 아래 자리를 잡은 싯다르타는 마음을 차분히 가라앉히고 명상에 잠겼어. 바람이 불어도, 해가 지고 달이 떠도 꼼짝하지 않았지. 싯다르타는 49일이 지나고서야 눈을 떴어.

"그래! 삶의 모든 고통은 욕심에서 시작되는 거야. 욕심을 떨쳐 낸다면 고통에서 벗어날 수 있어."

싯다르타는 인도 이곳저곳을 돌아다니며 자신의 깨달음을 전했어. 모든 인간은 평등하게 소중한 생명이라 가르쳤지. 또 생명이 있는 것들을 함부로 죽여서는 안 된다고도 가르쳤어. 사람들은 싯다르타의 가르침에 깊은 감명을 받아 그의 제자가 되었지.

인도 사람들은 싯다르타를 '깨달은 자'라는 뜻으로 '붓다'라고 불렀어. 이 '붓다'라는 말을 우리 말로는 부처라고 하지. 그리고 부처의 가르침을 따르는 종교를 ★교과서 핵심어 **불교**라고 해.

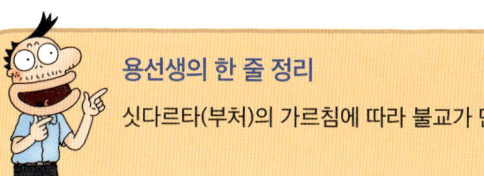

용선생의 한 줄 정리
싯다르타(부처)의 가르침에 따라 불교가 만들어졌어.

마우리아 왕조가 인도를 통일하다

불교가 만들어진 이후에도 인도는 여전히 여러 개의 나라로 쪼개져 있었어. 아직 인도는 하나의 나라로 통일된 적이 한 번도 없었지. 그러다 마우리아 왕조가 세력을 키워 나가기 시작했어.

마우리아 왕조의 세 번째 왕인 아소카왕 때 마우리아 왕조는 크게 성장했지. 아소카왕은 인도 북쪽을 통일했어. 그런데 여기에 만족하지 않고 인도의 남쪽 지역까지 눈독을 들였지.

"인도의 모든 백성을 내 발아래 두겠다!"

아소카왕은 인도 전체를 차지하기 위해 수없이 많은 전쟁을 치렀어. 힘이 약한 나라들은 피도 눈물도 없는 아소카왕 앞에서 두 손 두 발 다 들 수밖에 없었지. 하지만 남쪽의 칼링가 왕국은 달랐어. 칼링가 왕국은 작은 나라였지만 포기하지 않고 아소카왕에 맞섰지. 아소카왕은 화가 머리끝까지 났어.

"감히 나를 막아서다니. 칼링가 왕국을 완전히 짓밟아 버려라!"

마우리아 왕조의 병사들은 어린아이든 노인이든 상관없이 닥치는 대로 칼을 휘둘렀어. 결국 칼링가 왕국도 아소카왕 앞에 무릎 꿇었어. 마침내 인도 대부분이 아소카왕의 손안에 들어왔지. 기원전 3세기 무렵, 마우리아 왕조가 최초로 인도를 통일한 거야.

아소카왕은 만족스러운 표정으로 자신이 정복한 땅을 둘러보았어. 그런데 정신을 차리고 보니 땅은 온통 피로 물들어 있었고, 시신은 산처럼 쌓여 있었지. 섬뜩한 피비린내가 코끝을 스쳤어. 아소카왕의 얼굴은 점점 굳어 갔어.

"내가 무슨 짓을 저지른 것인가…."

아소카왕은 자리에 주저앉았어. 그제야 자신의 욕심 때문에 수많은 사람이 고통에 휩쓸렸단 사실을 깨달은 거야. 이후 아소카왕은 과거를 깊이 뉘우치고 생명을 소중하게 여기는 불교를 받아들였어.

곽두기의 용어 사전

포교
종교를 널리 퍼뜨리는 것을 말해.

"앞으로 더 이상의 전쟁은 없소. 갈 곳을 잃은 사람들에게는 집을 지어 주고, 가난한 자에게는 기꺼이 재물을 내어 줄 것이오."

아소카왕은 불교를 나라의 종교로 정하고, 전국에 부처의 가르침을 적은 돌기둥을 세웠어. 칼을 휘두르는 대신 불교로 나라를 다스리자, 아소카왕을 무서워하던 백성들도 이제 왕을 따르며 불교를 믿기 시작했지.

아소카왕은 인도는 물론 다른 나라에도 불교를 전하기 위해 힘썼어. 스님들을 주변 나라에 보내 적극적으로 포교 활동을 펼쳤지. 덕분에 불교는 인도 땅을 넘어 동남아시아 지역까지 퍼져 나가게 되었단다.

▲ 아소카왕이 세운 돌기둥
돌기둥 꼭대기에는 왕을 뜻하는 네 마리의 사자가 있고, 그 아래에는 부처의 말씀을 뜻하는 수레바퀴가 새겨져 있어.

용선생의 한 줄 정리
마우리아 왕조의 아소카왕은 인도를 통일하고 불교를 널리 퍼뜨렸어.

• 여러 종교가 어우러진 인도 문화 **103**

쿠샨 왕조에서 대승 불교가 유행하다

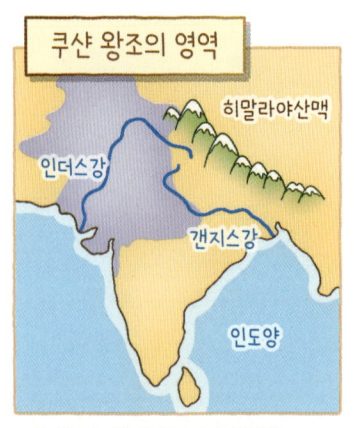

쿠샨 왕조는 한나라 무제가 동맹을 맺으려 했던 월지의 한 가문이 세운 왕조야.

아소카왕이 죽은 후 얼마 지나지 않아 마우리아 왕조는 몰락하고 말았어. 인도는 다시 여러 나라로 쪼개졌지. 45년, 인도 북쪽에서 내려온 유목민이 세운 **쿠샨 왕조**가 들어섰어. 쿠샨 왕조는 중앙아시아와 인도 북부에 걸쳐 있는 나라였지.

쿠샨 왕조는 비단길 중간에 위치해서 중국과 서아시아를 오가며 장사를 하기 아주 좋았어. 덕분에 쿠샨 왕조의 상인들은 큰돈을 벌 수 있었지.

하지만 상인들이 쉽게 돈을 버는 건 아니었어. 상인들의 하루하루는 고단하기 이를 데가 없었지.

"장사를 떠날 때마다 길은 험하고 도적이 나타날까 무서워."

"우리도 부처님처럼 수행하면 깨달음을 얻고 편안해질 수 있을까?"

상인들은 불교에 기대어 위안을 얻고자 했어. 하지만 가족이나 장사를 내팽개치고 스님이 되어 수행에만 몰두하기란 쉬운 일이 아니었지. 게다가 불교 경전을 공부하려 해도, 너무 어려워서 평범한 사람은 읽을 엄두조차 내지 못했어.

불교가 처음 만들어졌을 때는, 깨달음을 얻기 위해 **출가**하고 스님이 되어 수행을 해야만 한다고 가르쳤어. 하지만 몇백 년이 지난 후 출가 수행자가 아니더라도 깨달음을 얻을 수 있다는 생각이 생겨났지.

꼭 스님이 되지 않아도, 자신이 하던 장사를 하면서도 부처님과 같은 깨달음의 경지에 이를 수 있다니 상인들이 좋아할 수밖에 없

 곽두기의 용어 사전

출가
불교에서 흔히 쓰는 말로, 괴로움이 가득한 현실 세상을 떠나 수행 생활에 들어가는 걸 말해.

었어. 쿠샨 왕조 때 크게 유행한 새로운 불교의 가르침을 **대승 불교**라고 해(100년 무렵).

대승이라는 말은 '큰 수레'라는 뜻인데, 큰 수레로 많은 사람을 고통에서 구한다는 의미였지. 그래서 대승 불교에서는 출가를 하든 하지 않든, 모든 사람이 고통에서 벗어나는 것을 목적으로 했어.

"스님, 상인인 저희도 깨달음을 얻을 수 있을까요?"

"상인들은 아픈 사람들을 위해 돈을 나눠 주고, 농부는 배고픈 이들에게 음식을 베푸세요. 이것이 곧 부처님의 가르침입니다."

이제 불교는 많은 사람이 쉽게 따를 수 있는 종교가 되었지. 스님들은 더 많은 사람에게 불교를 쉽게 전하기 위해 부처의 모습을 본뜬 불상을 만들었어. 또 부처의 이야기를 그림으로 그리기도 했지. 말로만 듣는 것보다 조각상과 그림을 눈으로 보며 설명을 들으면 더 이해하기 쉬울 테니 말이야.

쿠샨 왕조의 상인들은 계속해 이웃 나라와 활발한 교류를 이어 갔어. 그 덕에 대승 불교는 중앙아시아를 거쳐 중국으로 전해졌지. 그리고 중국을 통해 우리나라에까지 전해졌어. 현재 우리나라의 불교도 대승 불교에 속한다고 할 수 있단다.

용선생의 한 줄 정리

중앙아시아와 북인도에 자리 잡은 쿠샨 왕조에서 대승 불교가 발전했어.

세계사 더 읽기

그리스 조각상과 닮은 불상

쿠샨 왕조 때, 간다라 지방에서 만든 불상은 그리스 조각상과 닮았다고 해. 쿠샨 왕조는 알렉산드로스 제국과 가까워 헬레니즘의 영향을 많이 받았어. 그리스 조각상을 따라 만들다 보니 생김새까지 그리스 신을 닮게 된 거야. 간다라 불상은 동아시아에 전해져 불상 제작에 영향을 주었어.

굽타 왕조에서 힌두교가 널리 퍼지다

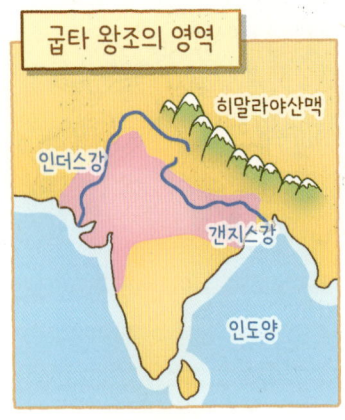

쿠샨 왕조가 무너지고, 인도는 또 한 번 여러 나라로 쪼개졌어. 그러다 4세기 무렵, **굽타 왕조**가 등장했어. 굽타 왕조는 인도 북쪽 대부분을 통일했지(320년).

쿠샨 왕조에 이어 굽타 왕조에서도 대승 불교는 세력을 더욱 확장해 나갔지. 화려한 절과 불상, 탑이 만들어졌어. 불교 사원은 사람들로 북적이는 반면, 브라만교 사원을 찾는 사람들의 발길은 점점 줄어들었지. 브라만들은 사람들이 브라만교를 떠나는 이유가 무엇일까 머리를 맞대고 고민했어.

"브라만교는 제사가 너무 복잡합니다. 제사 한 번 지낼 때마다 상다리가 휘어지게 제사상을 차려야 하니…."

"게다가 브라만교는 너무 어렵습니다. 우리 브라만의 도움 없이는 경전 한 줄 읽을 수 없잖아요."

브라만들의 노력으로 브라만교는 서서히 달라지기 시작했어. 복잡했던 제사는 간단해졌어. 브라만들은 더 이상 제사를 핑계로 사람들에게 많은 돈을 요구하지 않았지. 또 신들의 이야기를 쉽고 재밌게 들려주었어. 불교처럼 신의 모습을 조각이나 그림으로 만들기도 했지.

브라만교는 이제 ★교과서 핵심어 **힌두교**라는 이름으로 새롭게 태어났어. '힌두'라는 말은 인더스강에서 온 말인데, 곧 '인도'를 뜻하는 말이었지. 그러니까 힌두교는 '인도의 종교'라는 뜻이야. 그만큼 인도인의 삶과 밀착한 종교이지.

"자네, 위대한 영웅 라마님을 아는가?"

브라만교와 힌두교는 같은 종교인가요?

힌두교는 브라만교에 뿌리를 두고 있는 인도 전통 종교야. 힌두교는 브라만교가 거창한 제사 의식 등 이전의 폐단을 고치며, 사람들이 쉽게 이해할 수 있는 신을 숭배하는 힌두교로 발전했어.

"네. 물론이지요."

"그 라마님이 사실은 비슈누신이 잠시 모습을 바꿔 사람으로 나타난 것이라네."

힌두교에서는 신이 모습을 바꿔 영웅이나 위대한 인물의 모습으로 나타난다고 설명했어. 심지어는 불교의 부처님도 힌두교의 신이 모습을 바꾼 것이라고 했지.

"신들이 꼭 사람의 모습으로 오시는 것은 아닐세. 코끼리나 코브라의 모습으로 오실 수도 있지."

힌두교에서 최고의 신은 세 명인데, 창조하는 신 브라흐마, 유지하는 신 비슈누, 파괴하는 신 시바였어. 그리고 이 세 명의 신 외에도 무수히 많은 신이 있었지.

힌두교 사원에 들어서면 최고의 신 세 명이 사람들을 맞이했어. 그리고 그 뒤로도 많은 신 조각이 사람들을 기다리고 있었지.

"가네샤님, 바다를 건너 장사를 하러 갑니다. 저희가 안전하게 돈을 벌 수 있도록 도와주세요!"

코끼리 모습을 한 가네샤 앞에서 기도하는 사람이 있다면, 열에 아홉은 상인이었어. 가네샤는 지혜와 재산의 신이자, 상인의 보호자였거든. 상인들은 가네샤의 불룩한 배를 보며 돈 걱정 없이 배불리 먹고살 수 있게 해 달라 기도하곤 했지.

▲ 유지의 신 비슈누
힌두교의 3대 신 중 하나야. 많은 역사 인물이 비슈누의 화신이라고 하는데, 부처도 비슈누의 화신이라고 하는구나.

'아바타'가 원래 힌두교에서 쓰는 말이었다고?

아바타는 오늘날 게임이나 인터넷에서 자신을 대신하는 캐릭터를 부르는 말로 쓰여. 그런데 아바타라는 말은 원래 힌두교에서 쓰는 말이었단다. 힌두 신화에서는 신이 인간 세계에 내려와 활약하는 이야기가 많아. 하늘에서 내려온 신은 새로운 모습인 아바타로 다시 태어났지. 그때그때 다른 모습으로 세상에 나타난 신을 '화신', 즉 인도 말로 '아바타'라고 해.

▶ 크리슈나
비슈누신의 아바타 크리슈나야. 힌두교의 가장 유명한 아바타지.

부자 돼서 무사히 돌아오게 해 주세요!

반면 전투를 앞둔 전사들은 팔이 열 개인 두르가 여신을 찾곤 했어. 두르가는 열 개의 팔을 이용해 강력한 무기를 휘둘렀지. 사람들은 두르가를 바라보는 것만으로도 용기가 불끈 솟는 것 같았어.

그 외에도 뱀이나 멧돼지 모습을 한 신이 있는가 하면, 왕처럼 역사 속 실제 인물이 신으로 모셔지기도 했어. 인도는 수많은 민족이 어우러져 사는 곳이다 보니 지역마다 독특한 신이 많았거든. 힌두교는 이들 신을 모두 끌어안은 거야.

이제 인도 사람들은 가벼운 발걸음으로 힌두교 사원을 찾게 되었어. 더 이상 가난하다고 쫓겨날 일도 없고, 어려운 가르침 때문에 머리 싸맬 일도 없었지. 덕분에 힌두교 사원은 언제나 다채롭고 활기가 넘쳤어. 힌두교는 이후 천 년 이상의 세월 동안 인도의 대표 종교가 되었고, 지금도 인도 인구의 80% 이상이 힌두교를 믿고 있어. 그리고 세계적으로는 10억 명 넘는 사람이 힌두교를 믿고 있단다.

 **용선생의 한 줄 정리**
굽타 왕조 때 발전한 힌두교는 인도의 대표 종교가 되었어.

▼ 앙코르 와트(캄보디아)
힌두교는 인도를 넘어 동남아시아까지 퍼져 나갔어. 앙코르 와트는 동남아시아의 대표적인 힌두교 유적이야.

힌두교도의 생활 모습

굽타 왕조 시대 어느 마을, 아직 해도 뜨지 않은 이른 새벽에 아버지의 목소리가 들렸어.

"파르한, 어서 일어나렴. 갠지스강에 사람이 많을 테니 일찍 출발해야 해."

파르한은 졸린 눈을 비비며 자리에서 일어났어. 파르한은 **갠지스강**에 갈 채비를 했어. 갠지스강은 인도 북쪽에 흐르는 커다란 강이야. 고대 인도의 많은 나라들이 갠지스강을 중심으로 문명을 일으켰지. 힌두교와 불교도 갠지스강 주변의 도시들을 중심으로 성장한 종교였어.

특히 힌두교 신자들은 갠지스강이 비슈누신의 발뒤꿈치에서 흘러나온 물이라 생각하며 무척 신성하게 여겼어. 파르한과 아버지가 도착한 '바라나시'라는 도시는 시바신이 세웠다고 전해지는 곳이야. 그래서 힌두교도들이 더욱 신성하게 생각하는 곳이지.

파르한과 아버지가 갠지스강 근처에 도착했을 때는 이미 수많은 힌두교도들이 모여 북새통을 이루고 있었어. 게다가 소들이 사람들 사이를 느릿느릿 걸어 다니는 통에 거리는 더욱 복잡했지. 하지만, 그 누구도 소에게 뭐라고 하는 사람이 없었어.

힌두교에서 소는 아주 신성한 동물이었거든. 그래서 파르한은 소를 다치게 하지 않도록 조심하며 사람들 사이를 비집고 걸었어.

질문 있어요!

지금 인도 사람들은 불교를 많이 믿나요?

힌두교와 불교는 수행 방법이나 세계를 설명하는 방식이 비슷해. 석가모니까지 힌두교의 신으로 받아들이자, 인도에서 불교가 큰 의미가 없어졌지. 900년대 이후에는 불교가 힌두교에 완전히 흡수되고 말았어. 오히려 오늘날에는 동남아시아 등에서 많은 사람들이 불교를 믿고 있단다.

▲ 인도 도심 한복판에 누워 있는 소

▲ 갠지스강에서 목욕하는 인도 사람들

파르한과 아버지가 갠지스강을 찾아온 건 목욕을 하기 위해서였어. 힌두교 신자들은 갠지스강에서 몸을 씻으면 모든 죄가 사라진다고 믿었거든.

파르한은 까치발을 들고 주변을 둘러보았어. 자신처럼 목욕하는 사람뿐 아니라 강가에서 요가를 하며 명상에 빠진 사람들, 장례를 치르기 위해 갠지스강을 찾은 사람들도 있었지.

그중 한 가족이 화장한 시신을 갠지스강에 떠내려 보내고 있었어.

"저렇게 시신을 갠지스강에 떠내려 보내면 죽은 사람이 **극락**에 갈 수 있단다."

아버지의 설명에 파르한은 고개를 끄덕이며 점점 멀어져 가는 시신을 바라보았어. 그리고 돌아가신 분을 위해 잠시 기도를 드렸지.

파르한의 이야기는 천 년 전 인도의 모습인데, 지금의 갠지스강에서도 비슷한 모습을 볼 수 있단다. 세월은 많이 흘렀지만, 힌두교는 여전히 인도인들의 곁에 있는 거야.

곽두기의 용어 사전

극락
괴로움이 없는 매우 편안하고 자유로운 세계를 말해. 천국 같은 거지.

용선생의 한 줄 정리
힌두교도는 소를 신성시하고 갠지스강에서 목욕하는 것을 중요하게 생각했지.

> 교과서에 나오는 중요한 내용을 정리했어!

수재의 세계사 노트

아리아인의 이동	카스트 제도	① 아리아인이 인도 북부 지역을 차지하고 지배 ② 엄격한 신분 제도인 **카스트 제도**를 만듦 ③ 카스트 제도를 기반으로 **브라만교**가 성립
불교의 발전	불교의 등장	① 싯다르타가 깨달음을 얻고 **불교**를 창시 (기원전 500년 무렵) ② 모든 인간이 평등하다고 주장
	마우리아 왕조	① 아소카왕이 **인도 대부분을 통일** ② 아소카왕이 불교를 나라의 종교로 정하고 적극 장려
	쿠샨 왕조	① 중앙아시아와 인도 북부 지역을 차지하고 상업이 발달함 ② 많은 사람의 구제를 강조하는 **대승 불교**가 유행 (100년 무렵)
힌두교의 발전	굽타 왕조	① 인도 북부 대부분을 통일(320년) ② 브라만교의 제사가 간단해지면서 **힌두교**로 발전
	힌두교 특징	① 다양한 신을 모심 ② 소와 갠지스강을 신성하게 여김

세계사 능력 시험

01 다음 주제에 대한 학생들의 발표 내용으로 알맞은 것은 무엇일까? (   )

주제: 카스트 제도

① 아리아인이 만든 엄격한 신분 제도예요.
② 모든 시민이 참여해 나랏일을 결정한 제도예요.
③ 정복한 민족들의 종교와 전통을 존중해 주는 제도예요.
④ 제국을 여러 구역으로 나눈 뒤 구역마다 신하를 보낸 제도예요.

✓ 시험에 잘 나와!

02 빈칸에 들어갈 종교에 대한 설명으로 알맞은 것은 무엇일까? (   )

나는 오랜 수행 끝에 깨달음을 얻어 _____를 창시했어요.

싯다르타

① 브라만이 제사를 독점했어요.
② 아소카왕이 적극 장려했어요.
③ 예수의 가르침을 받아들였어요.
④ 브라만교에 뿌리를 둔 종교예요.

03 (가)에 들어갈 인물에 대한 설명으로 알맞지 <u>않은</u> 것은 무엇일까? (   )

답사 보고서	
답사 날짜	20△△년 △△월 △△일
답사 장소	인도 사르나트
답사 내용	

우리는 마우리아 왕조의 ___(가)___ 이 세운 돌기둥을 보러 갔다. ___(가)___ 은 전국의 돌기둥과 돌에 부처의 가르침을 새겨 알렸는데, 우리가 본 돌기둥에 새겨진 수레바퀴 무늬는 인도 국기에도 그려져 있다고 한다.

① 칼링가 왕국을 정복했어요.
② 불교를 나라의 종교로 정했어요.
③ 인도 대부분을 차지해 통일했어요.
④ 새로 차지한 땅에 알렉산드리아라는 도시를 세웠어요.

04 (가) 왕조에 대한 설명으로 알맞은 것은 무엇일까?
( )

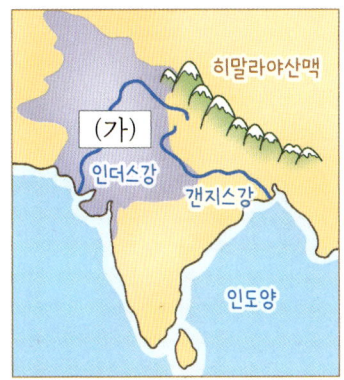

① 관용 정책을 펼쳤어요.
② 대승 불교가 발달했어요.
③ 민주 정치를 실시했어요.
④ 게르만족에 밀려 멸망했어요.

05 밑줄 친 '이 나라'의 이름으로 알맞은 것은 무엇일까?
( )

대승 불교가 세력을 확장해 나가자 브라만교는 이 나라 때 힌두교라는 이름으로 새롭게 태어났어. 지금은 인도의 대표적인 종교가 되었지.

① 굽타 왕조
② 쿠샨 왕조
③ 페르시아
④ 마우리아 왕조

06 (가)~(라) 사건을 일어난 순서대로 알맞게 나열한 것은 무엇일까? ( )

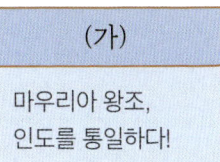
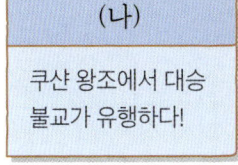
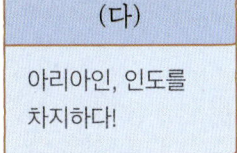
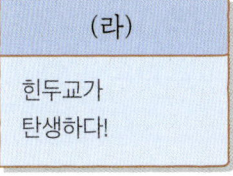

① (가)-(나)-(다)-(라)
② (다)-(가)-(나)-(라)
③ (다)-(나)-(가)-(라)
④ (다)-(라)-(가)-(나)

07 다음 책에서 읽을 수 있는 내용으로 알맞지 않은 것은 무엇일까? ( )

① 인도 곳곳의 다양한 신을 모셨어요.
② 갠지스강과 소를 신성하게 여겼어요.
③ 비슈누, 시바 등 여러 신을 모셨어요.
④ 마우리아 왕조 때 크게 발전한 종교예요.

인도인들이 사랑하는 『라마야나』

『라마야나』는 인도에서 매우 인기 있는 영웅 이야기래.
그래서 수백 편의 영화와 드라마, 애니메이션으로
만들어졌지.
주인공 라마는 힌두교 비슈누신의 화신이라고 해.
라마는 계모의 계략으로 궁에서 쫓겨나는 어려움을
겪었지만, 마왕과의 싸움에서 이기고 왕의 자리도
되찾았단다.

2 당나라를 중심으로 형성된 동아시아 문화

중국에 또다시 혼란이 시작되다

인도에서 굽타 왕조가 들어서고 힌두교 중심의 문화가 자리 잡을 즈음 중국에서는 큰 변화가 일어나고 있었어. 중국을 대표하는 왕조였던 한나라가 흔들리고 있었던 거야.

"이대로는 못 살겠다! 한나라를 끝장내자!"

한나라 백성들의 고함 소리가 중국 땅을 뒤흔들었어. **탐관오리**의 괴롭힘을 견디다 못한 백성들이 반란을 일으킨 것이었지. 한때 중국을 평화롭게 다스리던 한나라는 이제 사라지고 없었어.

농민들의 반란이 일어나자 이 반란을 잠재우고 나라를 바로잡겠다며 여러 세력이 등장했어. 한나라의 신하였던 사람도 있고, 지방에서 대대로 부를 쌓은 집안 출신인 사람도 있었지. 이들은 각자 군사를 모아 반란을 진압했는데, 나중에는 자기 스스로 나라를 세울 정도로 큰 세력이 되었어.

이들 가운데 가장 유명한 사람이 바로 조조와 유비, 손권이었지. 셋 중에서도 중국 북부에 자리 잡은 조조의 세력이 가장 강력했어. 조조가 남쪽을 향해 내려오자 유비와 손권은 힘을 합쳐 조조를 물리치기로 했지.

유비와 손권의 연합군은 양쯔강의 '적벽'이라는 지역에서 조조군을 막아낼 수 있었어. 이후 조조, 유비, 손권 세 세력은 각각 '위', '촉', '오'라는 나라를 세웠지(220년).

조조, 유비, 손권이 활약한 시기가 바로 유명한 역사 소설 『삼국지연의』의 배경이 되는 중국의 **삼국 시대**야.

하지만 세 나라는 오래가지 못했어. 위나라가 가장 강력

탐관오리
백성의 재물을 탐내고 빼앗으며, 행실이 깨끗하지 못한 나라의 관리를 말해.

중국의 삼국 시대

질문 있어요!

『삼국지연의』는 어떤 소설이에요?

우리가 흔히 아는 『삼국지』가 명나라 때 '나관중'이라는 사람이 쓴 『삼국지연의』야. 중국의 삼국 시대를 배경으로 여러 영웅의 활약을 다루었지.

했지만 위나라도 반란이 일어나 진나라로 바뀌었고, 진나라가 삼국을 통일했지만 얼마 못 가 북쪽에서 유목민들이 쳐들어와 나라를 세우기 시작했거든.

이후 중국 남쪽에는 한족의 나라가 세워지고 북쪽에는 유목민들이 여러 나라를 세웠어. 그렇지만 어느 나라도 길게 가지 못하고 세워졌다 망하기를 반복할 뿐이었지.

한나라가 멸망하고 중국이 다시 통일되기까지 약 400년간 이렇게 혼란스러운 시기가 계속되었어. 이 시기를 위나라와 진나라, 그리고 남과 북의 여러 왕조의 시대라는 뜻으로 **위진 남북조 시대**라고 해.

용선생의 한 줄 정리

한나라가 멸망하고 여러 나라가 세워졌다 망하는 위진 남북조 시대가 시작되었어.

대운하를 세우다 망한 나라

위진 남북조 시대의 혼란을 끝내고 마침내 중국을 통일한 건 바로 **수나라**였어. 수나라 두 번째 황제인 **양제**에게는 원대한 꿈이 있었지.

"황허강과 양쯔강을 잇는 운하를 팔 것이다."

양제는 중국의 남쪽과 북쪽을 연결하는 **대운하**를 만들기 시작했어. 수천 킬로미터에 이르는 거리를 인공적으로 땅을 파서 물길을 만드는 엄청난 공사였지. 공사에 동원된 백성들은 구슬땀을 흘리며 땅을 파고 담을 쌓았어.

"아휴, 대체 몇 년째 땅만 파는 거람."

"이 사람아, 몸이라도 멀쩡히 돌아갈 수 있으면 다행이지. 그동안 죽거나 다친 사람이 얼마나 많았나."

6년 동안 5백만 명이 넘는 백성을 동원한 덕분에 마침내 대운하가 완성되었어. 대운하 덕분에 넓은 중국을 훨씬 편하게 오갈 수 있게 되었지만, 너무 많은 백성이 고통받았지.

그런데 양제는 백성들의 고통은 본 척도 않고 자기를 추켜세우기 바빴어.

"음하하! 난 위대한 황제로 역사에 남을 거야! 운하도 완성됐으니 배를 타고 전국을 여행해 볼까?"

양제는 대운하를 타고 전국을 돌아다녔어. 양제의 배는 번쩍이는 금으로 장식된 4층짜리 배로, 누가 봐도 그 화려함에 입을 다물지 못

수 양제
(569년~618년)
수나라의 두 번째 황제야. 대운하 공사를 벌이는 등 백성을 괴롭히다가 반란이 일어나 황제의 자리에서 쫓겨났어.

할 정도였지. 배에서는 매일 잔치가 열렸어. 신명 나는 악기 소리와 웃음소리가 끊이지 않았고, 식탁에는 산해진미가 잔뜩 쌓여 있었대.

반면, 양제의 배가 지나가고 난 자리에는 백성들의 울음소리가 떠나질 않았어. 양제가 사치를 부린 탓에 백성들은 더 많은 세금을 내야 했거든. 하지만 양제는 백성들을 돌보기는커녕 무리하게 전쟁까지 벌였지.

"나는 천하를 지배하는 황제이거늘, 고구려는 왜 나에게 머리를 조아리지 않는 것이냐? 본때를 보여줘야겠구나!"

양제는 백만이 넘는 군대를 이끌고 고구려를 쳐들어갔어. 하지만 고구려의 을지문덕 장군에게 참패를 당했지. 이 전투가 그 유명한 살수대첩이야. 수많은 병사가 전투에서 죽어 집으로 돌아오지 못하자, 견디다 못한 백성들은 반란을 일으켰지.

양제는 결국 신하들의 손에 목숨을 잃었어. 오랜 혼란을 끝내고 중국을 통일한 수나라는 40년도 버티지 못하고 허무하게 멸망해 버렸지.

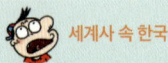

세계사 속 한국사

수나라와 고구려의 전쟁, 살수대첩

수나라 양제는 113만 명이나 되는 어마어마한 병력을 동원해 고구려를 공격했어. 군대의 이동 속도가 늦어지자, 30만 명을 별도의 부대로 마련해 고구려 수도 평양성을 바로 공격하게 했지. 하지만 을지문덕이 살수에서 크게 이겨 30만 명 가운데 겨우 3천 명만 살아 돌아갔어.

용선생의 한 줄 정리

수나라가 중국을 통일했지만, 무리한 공사와 전쟁으로 곧 망하고 말았어.

당나라의 황제가 유목민을 지배하다

수나라 이후, 중국 땅에는 당나라가 들어섰어. **당나라**의 두 번째 황제인 **태종**은 나라의 기틀을 세우기 위해 무엇보다 법과 제도를 다듬는 일이 필요하다고 생각했지.

"모든 나라가 본받을 만한 법을 만들도록 하라!"

태종은 여러 규칙을 **율령**이라는 하나의 법으로 일목요연하게 정리했어. 세금은 어떻게 매길지, 큰 공사에 백성을 동원할 때는 어떤 절차를 거칠지 이런 것들을 말이야.

당 태종
(598년~649년)
당나라의 두 번째 황제로, 전성기를 이끈 왕이야.

당나라의 새로운 법, 율령!

1. 농민은 나라에서 주는 토지를 받아, 농사를 지어라!
2. 농사를 지어 거둔 곡식 일부를 나라에 바쳐라!
3. 농사일이 바쁘지 않을 때는 군사 훈련을 받고, 전쟁이 나면 나라를 위해 싸워라!

태종은 나라의 제도를 정비한 이후에도 긴장을 늦추지 않았어. 허구한 날 국경을 넘어와 노략질을 일삼는 **돌궐** 제국 때문이었지. 돌

궐 제국은 당나라 북쪽과 서쪽의 여러 유목 부족들이 힘을 합쳐 세운 나라였어.

"으헤헤! 좋은 말로 할 때 돈 되는 건 다 내놓아라!"

당나라 백성들은 능숙한 말타기와 활쏘기 솜씨를 자랑하는 돌궐 제국 군사들을 당해 낼 도리가 없었지. 태종은 돌궐 제국을 제압할 방법이 없을까 머리를 싸맸어.

"돌궐은 원래 여러 부족으로 나뉘어 있었다. 그러니 서로 싸우게 만들면, 큰 힘을 들이지 않고도 그들을 정복할 수 있을 것이다."

태종은 돌궐 제국의 여러 부족을 교묘하게 이간질했어. 태종의 꾀에 넘어가 사이가 나빠진 부족들은 당나라는 신경도 쓰지 않고 서로 싸우기 바빴지. 그 틈을 타 태종은 군사들을 이끌고 돌궐 제국으로 쳐들어갔어.

"당나라의 군사들이여, 저들의 지도자를 붙잡아라!"

태종은 기다렸다는 듯 돌궐 제국이 다스리던 넓은 초원을 휩쓸었어. 마침내 태종은 유목 부족의 지도자를 포로로 붙잡았지. 돌궐 제국은 태종 앞에 무릎 꿇을 수밖에 없었어.

"위대한 당나라의 황제 폐하, '천가한' 칭호를 바치오니 노여움을 푸십시오!"

천가한은 중국의 황제를 뜻하는 '천'자와 유목 부족의 왕을 뜻하는 '가한'을 합친 말이야. 중국과 유목민을 함께 다스리는 왕이란 뜻이지. 기세등등하던 돌궐 제국이 이제 태종을 자신들의 왕으로 떠받들겠다는 의미였어. 돌궐 제국을 정복한 당나라는 중국 땅과 중앙아시아를 아우르는 거대한 제국이 되었단다.

용선생의 한 줄 정리
당나라는 태종 때 제도를 정비하고, 돌궐 제국을 정복하여 전성기를 열었어.

태종의 정치, '정관의 치'

당나라 태종은 한국사에도 등장하는 인물이야. 안시성을 공격했다가 결국 져서 돌아갔던 인물이 바로 태종이지. 우리에게는 고구려에 패배한 임금이지만, 중국에서는 역사상 최고의 황제 가운데 한 명으로 꼽히는 인물이란다. 태종은 황제로서 신하들을 일방적으로 가르친 게 아니라, 겸손한 자세로 신하들의 이야기에 귀를 기울였다고 해. 이러한 당 태종의 정치를 두고, 그의 연호를 따서 '정관의 치'라고 불러.

▲ 토번 사신을 맞이하는 당 태종
토번의 사신을 맞은 태종의 모습이야. 토번은 지금의 티베트 지역으로, 태종은 왕실 결혼을 통해 토번과 우호 관계를 맺기도 했단다.

동아시아 문화가 만들어지다

우아~ 당나라의 수도 **장안**에 도착한 발해 유학생들은 눈이 휘둥그레졌어. 장안은 100만 명이 넘는 사람이 사는 당시 세계 최대 도시였거든.

"여기가 세상의 중심이라고 불리는 장안이구나!"

장안은 인구만 많은 게 아니라, 여러 나라 사람이 들어와 살고 있던 국제도시였어. 낙타를 타고 사막을 건너온 상인이 있는가 하면, 인도의 불교 승려, 신라나 일본의 유학생과 상인들까지 장안을 누볐지. 이렇게 세계 곳곳의 사람들이 장안으로 모인 건 당나라가 주변 나라들과 활발하게 교류해 온 결과였어.

"비잔티움 제국의 특산품 유리잔을 아주 싼값에 드립니다. 날마다 오는 기회가 아니에요."

시장에는 세계 곳곳의 진귀한 물건들이 사람들의 눈과 귀를 사로잡았어.

▲ **장안을 방문한 외국 사신들**
당나라의 관리들이 장안성을 방문한 외국 사신을 맞이하는 모습을 나타낸 〈예빈도〉라는 그림이야.

"수도인 장안만 해도 이렇게 넓고 많은 사람이 사는데 당나라 전체로 따지자면 그 규모가 정말 엄청날 거야."

"그러게 말이야. 이렇게 큰 나라를 효율적으로 다스리는 비결이 도대체 뭘까?"

발해 유학생들은 장안에 머물며 당나라의 제도를 열심히 공부했어. 법전에는 어떤 내용이 있는지, 관직 제도는 어떤 식으로 정리돼 있는지 꼼꼼히 살폈지.

장안에는 발해 외에도 신라, 일본, 베트남 등 주변 다른 나라 유학생들도 있었어. 이들은 유교나 불교 관련 책을 공부했는데, 이 책들은 모두 한자로 쓰여 있었지. 그러니 한자는 기본적으로 익혀야 하는 외국어였어. 덕분에 말은 잘 통하지 않았지만, 글을 쓰면 서로 의사소통은 충분히 할 수 있었지.

유학생들은 유교와 불교, 그리고 율령과 같이 당나라의 발달한 제도를 보고 배워 자기 나라에 전해 주었어. 그러면서 당나라와 비슷한 문화를 갖기 시작했지.

주변 나라들이 당나라와 비슷한 문화를 가지게 된 데는 동아시아의 독특한 외교 질서인 **조공 책봉 관계**도 한몫했어. 발해나 신라 등 주변 나라는 당나라의 황제에게 공물을 바치고 황제로부터 발해 국왕, 신라 국왕과 같은 자리를 임명 받아. 이걸 조공과 책봉이라고 하지.

겉으로만 보면 신라나 발해 등 주변 나라들이 당나라의 지배를 받는 것처럼 보이지만 실제로는 그렇지 않아. 동아시아의 국제 사회에서 하나의 나라로 인정받기 위한 절차이지. 실제로 당나라 황제가 신라나 발해의 나랏일에 간섭할 수는 없었어. 만약 간섭하려고 하면

▼ 장안성 성벽
성벽으로 둘러싸인 장안성은 어마어마한 크기의 성이었어.

신라나 발해는 당나라와 전쟁도 피하지 않을 정도였거든.

　선물을 바치는 조공도 겉으로 보기에는 작은 나라들이 일방적으로 불리한 조건으로 외교 관계를 맺는 것처럼 보이지만 실제로는 달랐어. 당나라는 황제 나라라는 체면이 있어서 답례로 오히려 더 많은 물건을 선물로 줘야 했거든. 그래서 경제적으로 따지자면 당나라가 손해 보는 경우도 많았지.

　조공 책봉 관계는, 당나라 입장에서는 주변 나라들로부터 강대국이라는 것을 인정받고, 이들 나라와 평화를 유지하는 방법이었어. 주변 나라들 입장에서는 당나라를 큰 나라로 인정하지만, 대신 국제 사회에서 하나의 나라로 인정받고, 경제적인 이득까지 취할 수 있었던 거지.

　이렇게 유학생과 상인들뿐만 아니라 활발한 외교 관계를 통해서 당나라와 주변 나라들은 한자, 유교, 불교, 율령 등 문화적으로 많은 것을 공유하게 되었던 거야. 그래서 지금도 이 지역의 나라들을 묶어 '동아시아'로 부르고 이들의 문화를 '**동아시아 문화**'라고 하지.

동아시아는 모두 똑같은 문화인가요?

동아시아 나라들은 당나라의 문화를 받아들였지만, 각 나라의 상황에 맞게 변형해서 받아들였어. 우리나라나 일본은 한자를 변형해 썼고, 심지어는 우리나라나 일본에서만 쓰는 한자도 있단다.

용선생의 한 줄 정리
당나라와 주변 나라들은 한자, 유교, 불교, 율령 등의 공통 요소를 가진 동아시아 문화를 형성했어.

'일본'의 탄생

당나라가 중국을 다스릴 때, 우리나라와 일본도 나라의 기틀을 다져 나가고 있었어.

한반도에서는 신라가 삼국을 통일해 통일 신라가 새로운 민족 문화를 만들어 나갔지. 또, 만주에서는 고구려의 뒤를 이어 발해가 세워졌어. 이로써 남쪽에는 통일 신라가, 북쪽에는 발해가 자리 잡은 남북국 시대가 시작되었지.

한편 일본에는 중국이나 우리나라의 왕처럼 강력한 힘을 가진 지도자가 쉽사리 나타나지 않았어. 6세기 말, 왕을 대신해 일본을 다스리던 **쇼토쿠 태자**는 강력한 힘을 가진 지도자가 필요하다고 생각했지.

"우리나라를 발전시키려면 중국이나 고구려, 백제, 신라의 문화를 보고 배워야 해!"

쇼토쿠 태자는 중국에 사신을 보내 여러 사회 제도를 배워 오게 했어. 또 고구려, 백제, 신라의 학자들을 일본으로 초대해 유교나 불교, 종이와 먹 만드는 법 등을 배웠지.

쇼토쿠 태자 (574년~622년)
왕을 대신해 정치, 외교, 건축 등 다방면에 걸쳐 많은 업적을 남겼어.

◀ **우리나라와 일본의 반가 사유상**
왼쪽은 삼국 시대에 만들어진 금동 미륵보살 반가 사유상이야. 오른쪽은 일본의 국보 제1호인 고류사 목조 미륵보살 반가 사유상이란다.

쇼토쿠 태자는 특히 불교에 주목했어. 중국이나 한반도에서는 불교를 받아들여 왕권을 강화하는 데 이용했거든. 왕을 부처님처럼 받들게 해서 권력을 강화했던 거야. 쇼토쿠 태자도 이런 불교를 받아들여 왕권을 강화하려고 했지.

쇼토쿠 태자는 왕이 되지 못하고 목숨을 거두었어. 하지만 쇼토쿠 태자가 죽고 난 이후에도 일본의 왕들은 강력한 나라를 꿈꾸며 개혁을 추진했지. 한반도에서 삼국이 치열하게 싸우던 7세기 말에는 일본에서도 왕의 권력이 강해지면서 비로소 나라의 기틀이 세워졌어. '**일본**'이라는 나라 이름을 본격적으로 쓰기 시작한 것도 이때쯤이었지.

일본은 자신들의 왕을 '**천황**'이라고 불렀어. 실제로는 '왕'과 다를 바가 없었지만 하늘의 왕이라는 뜻의 천황으로 부르며 왕의 권위를 높이려고 한 거야. 심지어는 천황이 세상을 만든 신의 자손이라고까지 했어.

9세기 중엽부터 당나라가 혼란해지자 일본은 당나라의 문화를 배우기보다 자신들의 고유한 문화를 발전시켜 나가기로 했어. 이런 분위기에서 만들어진 문화를 **국풍**이라고 해.

일본인들은 한자를 이용해 자신들의 역사를 기록하기 시작했어. 또 한자 모양을 본떠 자신들의 문자인 **가나**를 만들기도 했지. 일본 고유의 문화가 만들어지기 시작한 거야. 이후 일본은 중국, 우리나라와 함께 동아시아에서 무시할 수 없는 하나의 세력이 되었단다.

 **용선생의 한 줄 정리**
일본은 중국과 우리나라로부터 불교, 유교 등을 배워 자신들의 독자적인 문화를 이룩했어.

절도사의 반란으로 당나라가 흔들리다

"오 내 사랑! 네가 원하는 거라면 무엇이든 가져다주겠노라!"

당나라 황제 현종은 양 귀비에게서 눈을 떼지 못했지. 동아시아를 주름잡던 당나라가 내리막길을 걷기 시작한 순간이었어.

현종은 한때 지혜롭게 나라를 다스렸던 황제였어. 그런데 나이가 들수록 점점 나랏일에 흥미를 잃더니 부인 양 귀비에게 빠져 흥청망청 놀기 바빴지.

현종이 양 귀비에게 빠져 있는 동안 당나라는 흔들리기 시작했어. 특히 군사력이 약해져 국경 지역은 호시탐탐 당나라를 노리는 적들로 득시글거렸지.

중앙에 군대가 있지만 외적이 쳐들어올 때마다 군대를 보내기는 쉽지 않은 일이었어. 그래서 국경을 지키는 **절도사**라는 새로운 관직을 만들었지.

절도사는 국경 지역을 도맡아 다스리는 군사령관이었어. 국경 지역에서 세금을 걷고 그 세금으로 군대를 유지할 권한도 있었지. 그래서 국경 지역에서는 왕과 다름없을 정도로 강력한 권력을 가졌어.

"절도사님, 이번 달 세금은 얼마나 거둘까요?"

"흠, 곧 전쟁이 일어날 것 같으니 이번 달은 좀 넉넉하게 거둬야겠다."

특히 절도사 가운데 현종의 신뢰를 받은 **안녹산**은 여러 지역의 절도사를 겸하면서 가장 많은 병사를 거느리는 절도사가 되었어. 그러던 어느 날, 황제가 안녹산을 쫓아내려 한다는 소문이 들려왔지.

당 현종
(685년~762년)
황제가 되고 처음에는 나라를 잘 다스리기로 유명했지만, 양 귀비에 빠져 안사의 난이 일어나는 실마리를 제공했어.

양 귀비
(719년~756년)
당나라 현종의 부인이었어. 안사의 난이 일어나자, 도망가던 중 병사들에게 죽고 말았지.

▲ 피란 가는 현종

"양 귀비를 등에 업고 권력을 잡은 간신배들이 절도사님을 내쫓으려고 모함한다고 합니다."
안녹산은 화가 머리끝까지 났어.
"목숨 바쳐 나라를 지킨 대가가 배신이라니!"
안녹산과 그의 부하 사사명은 군대를 이끌고 장안으로 쳐들어갔어. 이 사건을 안녹산과 사사명의 이름을 따서 **안사의 난**(755년)이라고 해. 현종은 화들짝 놀라 허둥지둥 도망쳤지. 주인을 잃은 장안은 안녹산의 손아귀에 들어갔어. 나라를 지키려고 만든 절도사가 오히려 나라를 뒤흔들었던 셈이지.

이후 안사의 난은 진압되었지만, 이 일로 당나라는 크게 흔들리게 되었어. 나라가 휘청이자 백성들의 삶은 더욱 힘들어졌지. 결국, 곳곳에서 반란이 일어나 당나라는 차츰 쇠락의 길로 접어들었어. 한때 세계 제국이었던 당나라는 역사의 뒤안길로 쓸쓸히 사라져 갔지. 동아시아는 또다시 혼란한 시기를 맞이하게 되었단다.

용선생의 한 줄 정리
절도사 안녹산이 반란을 일으켜 당나라가 쇠락의 길을 걷게 되었어.

130

수재의 세계사 노트

위진 남북조 시대와 수나라	위진 남북조 시대	① 한나라 말, 중국이 위, 촉, 오로 나뉜 삼국 시대가 시작 (220년) ② 삼국 시대부터 여러 나라가 세워졌다 망하는 위진 남북조 시대가 이어짐
	수나라의 중국 통일	① 수나라가 위진 남북조 시대를 끝내고 중국을 통일 ② 양제가 중국의 남북을 연결하는 대운하를 만듦
당나라	당나라의 발전	① 나라의 법인 율령을 만들어 제도를 정비 ② 북쪽의 돌궐 제국을 정복해 영토를 크게 넓힘(630년)
	당나라의 문화	① 수도 장안이 국제도시로 발달 ② 당나라와 주변 나라들이 한자, 유교, 불교, 율령 등을 공유하면서 동아시아 문화 형성 ③ 주변 나라들과 조공 책봉 관계를 맺음
	당나라의 쇠퇴	① 절도사 안녹산이 안사의 난을 일으킴(755년) ② 난이 진압된 이후 당나라가 쇠퇴
일본	일본의 탄생	① 쇼토쿠 태자가 불교를 받아들여 왕권을 강화하려 함 ② 7세기 말부터 '일본' 국호와 '천황' 칭호를 사용
	국풍 문화	① 당나라가 혼란해지자 일본 고유의 문화를 강조하는 국풍 문화가 발달(9세기 이후) ② 일본의 글자인 가나를 만들어 사용

세계사 능력 시험

01 (가) 시기에 있었던 일로 알맞은 것은 무엇일까? (　　)

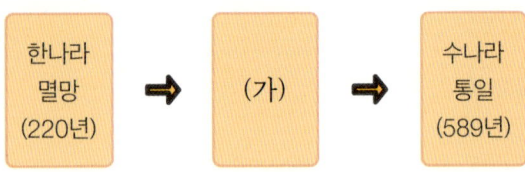

① 위진 남북조 시대가 시작되었어요.
② 아시아와 유럽을 잇는 비단길이 생겨났어요.
③ 공자, 묵자, 한비자 등 제자백가가 등장했어요.
④ 북쪽의 유목 민족을 막기 위해 만리장성을 쌓았어요.

02 다음 지도에 표시된 (가)에 대한 설명으로 알맞지 않은 것은 무엇일까? (　　)

① 수나라의 양제가 세웠어요.
② 많은 백성이 공사에 동원되었어요.
③ 중국의 남쪽과 북쪽을 연결했어요.
④ 중국의 남북 간 교류가 끊기는 계기가 되었어요.

03 (가)에 들어갈 내용으로 알맞지 않은 것은 무엇일까? (　　)

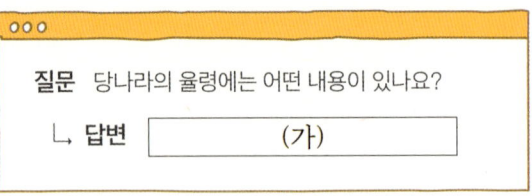

① 농민은 전쟁에 참여할 수 없어요.
② 농민은 수확한 곡식 중 일부를 나라에 바쳐야 해요.
③ 농민은 나라에서 주는 토지를 받아 농사지어야 해요.
④ 농민은 농사일이 한가할 때는 군사 훈련을 받아야 해요.

04 밑줄 친 '이 나라'에 대한 설명으로 알맞은 것은 무엇일까? (　　)

이 나라의 관리들이 장안성을 방문한 외국 사신을 맞이하는 모습을 묘사한 〈예빈도〉라는 그림이야.

① 봉건제를 실시했어요.
② 갑골문을 사용했어요.
③ 돌궐 제국을 정복했어요.
④ 화폐, 단위, 문자를 통일했어요.

05 밑줄 친 '이것'에 해당하는 것으로 알맞지 않은 것은 무엇일까? (　　)

> 당나라가 크게 발전하면서 신라, 발해, 일본, 베트남 등은 사신과 유학생을 통해 당나라의 문화를 받아들였어요. 이 과정에서 이것을 공유하는 동아시아 문화권이 형성되었어요.

① 불교
② 유교
③ 한자
④ 화폐

06 다음 인물이 한 일로 알맞은 것은 무엇일까? (　　)

"나는 왕권을 강화하기 위해 중국과 한반도에서 불교를 들여왔어요."

① 가나 문자를 만들었어요.
② 왕을 '천황'이라 부르게 했어요.
③ 나라 이름을 '일본'으로 정했어요.
④ 삼국의 학자들을 일본에 초대했어요.

07 다음 책에 들어갈 내용으로 알맞은 것은 무엇일까? (　　)

일본의 국풍 문화

① 장안성을 짓는 목수
② 가나 문자를 배우고 있는 아이
③ 그리스어를 사용하는 페르시아 사람
④ 나라 곳곳에 세워진 도시 알렉산드리아

2020 대학수학능력시험 변형

08 다음 사건이 있었던 나라의 모습으로 알맞은 것은 무엇일까? (　　)

> 양 귀비가 황제에게 큰 사랑을 받자, 그녀의 친척들은 높은 관직에 오를 수 있었어요. 그중 양 귀비의 친척 양국충은 안녹산을 질투해 난이 일어나는 계기를 만들었지요. 그는 난을 피해 황제를 모시고 피란 가던 중 양 귀비와 함께 죽음을 맞았어요.

① 대운하 공사에 동원된 백성
② 수도 장안에 모여든 신라의 유학생
③ 왕이 점친 내용을 갑골에 기록하는 신하
④ 살수에서 고구려군을 피해 도망가는 병사

『서유기』의 삼장 법사가 실존 인물?

『서유기』의 손오공과 저팔계, 사오정, 삼장 법사의 모험은 너무나도 유명한 이야기지. 그런데 여기에 나오는 삼장 법사는 당나라 때 '현장'이라는 스님을 모델로 했어. 현장은 불교를 배우기 위해 갖은 고생을 겪으며 인도로 여행을 떠났다가 돌아왔거든. 약 900년 후 명나라 때, 오승은이라는 사람이 현장의 여행에 여러 모험담을 덧붙여 소설 『서유기』를 만들었어.

3 이슬람 제국이 동서 교역을 장악하다

두 제국 사이에 위치한 아라비아반도

마케도니아의 알렉산드로스는 서아시아 지역을 정복하고 대제국을 건설했어. 이후 서아시아에는 몇 개의 나라가 들어서고, 그중 일부는 로마의 영토가 되었지. 그러다 3세기 무렵 **사산 왕조 페르시아**가 세워졌어.

"우리는 영광스러운 페르시아의 후손이다!"

사산 왕조 페르시아는 옛 페르시아 영토의 상당 부분을 차지했어. 특히 인더스강 유역에 이르는 동쪽 영역은 거의 회복할 수 있었지. 하지만 지중해 동쪽 지역 땅은 되찾기가 어려웠어. 그 지역은 강력한 비잔티움 제국이 차지하고 있었거든.

"지중해 동쪽은 부가 넘쳐 나는 곳이다. 절대 양보할 수 없다."

지금은 유럽 서쪽에 영국, 프랑스, 독일 같은 선진국들이 있어서 경제적으로 더 풍요롭지만, 옛날에는 지중해 동쪽 지역이 농업이든 상업이든 훨씬 더 발달한 지역이었어. 서로마와 달리 비잔티움 제국이 천 년 이상을 버틸 수 있었던 것도 이런 경제적인 풍요로움 때문이었지. 그래서 사산 왕조 페르시아도 이 지역을 호시탐탐 노렸던 거야.

두 나라는 수백 년에 걸쳐 전쟁을 치렀어. 그런데 그러는 사이 뜻하지 않게 이익을 보게 된 지역이 있었지. 바로 **아라비아반도**였어.

아라비아반도는 아시아 서쪽 끝에 있는 장화 모양의 땅이야. 그곳에 사는 사람을 반도의 이름을 따 '아랍인'이라고 불렀지. 아라비아반도는 대부분 땅이 사막이어서 아랍

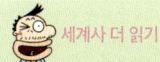

세계사 더 읽기

사산 왕조? 페르시아?

이란 고원에 세운 나라들은 2천 년 넘게 나라 이름을 '페르시아'라고 했어. 그리고 페르시아 앞에 왕조 이름을 붙여서 구분해 부르고 있지. 키루스가 세운 페르시아는 '아케메네스 왕조 페르시아', 비잔티움 제국과 싸운 페르시아는 '사산 왕조 페르시아'지. 페르시아라는 이름은 20세기까지도 쓰이다가 지금은 '이란'으로 바뀌었단다.

6~7세기 무렵 아라비아반도

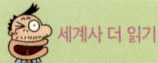

세계사 더 읽기

아랍인은 어떤 사람들일까?

옛날에는 아라비아반도에 사는 사람을 아랍인이라고 불렀어. 그런데 요즘은 주로 이슬람교를 믿으며 아랍어를 사용하는 사람을 아랍인이라고 해. 아랍인은 서아시아부터 북아프리카까지 넓게 분포되어 있어.

인들은 사막에 흩어져 유목 생활을 하거나 오아시스 근처에서 농사를 지으며 살았어.

그런데 황량한 사막에 주변 나라 상인들이 찾아오면서 아라비아반도가 북적이기 시작한 거야. 비단길의 서쪽 끝을 차지한 사산 왕조 페르시아와 비잔티움 제국이 싸우는 통에 상인들이 안전한 길을 찾아 아라비아반도의 사막이나 바닷길을 이용하게 된 것이었지.

아랍인들은 상인들에게 사막의 길을 안내해 주며 서서히 장사에 눈을 떴어.

"남의 장사를 도와줄 게 아니라 우리가 직접 무역을 해 볼까?"

아랍인들은 직접 장사에 뛰어들어 큰돈을 벌기 시작했어. 중국이나 인도에서 들여오는 물건을 사막이나 바닷길을 이용해 서쪽의 비잔티움 제국에 파는 식이었지. 그러면서 상인들이 이용하는 길목에 도시들이 생겨나기 시작했어. 그 가운데 **메카**라는 도시는 바닷길과 사막길이 만나는 곳에 있어 특히 많은 상인이 찾는 곳이었지. 덕분에 메카는 아라비아반도에서 무역 중심 도시로 발전했어.

용선생의 한 줄 정리

사산 왕조 페르시아와 비잔티움 제국의 전쟁으로 아라비아반도에서 상업이 발달하기 시작했어.

무함마드가 이슬람교를 창시하다

아랍인들은 여러 부족으로 나뉘어 있었고, 각자 다른 신을 믿었어. 그래서 좀처럼 하나로 뭉치기가 힘들었지. 메카 같은 도시가 생겨나고 상인들이 많은 돈을 벌었지만, 그것도 일부 부자들의 이야기일 뿐이었어. 힘없고 가난한 사람의 수는 오히려 더 늘어났지.

7세기 무렵 메카에는 **무함마드**라는 상인이 있었어. 무함마드는 어릴 때부터 먼 나라에 나가 장사를 했지. 다른 나라에서 장사를 하는 것은 험난한 일이었어. **이방인**이라는 이유로 크고 작은 문제에 휘말리기 일쑤였지. 하지만 무함마드를 도와주는 아랍인은 아무도 없었어.

이방인
다른 나라에서 온 사람을 말해.

그런데 유대인들은 아랍인과 마찬가지로 이방인 신세지만, 같은 종교를 믿는다는 이유로 자기들끼리 똘똘 뭉쳐 서로를 돕는 모습을 보였지.

"왜 우리 아랍인은 서로 도울 생각을 하지 않을까?"

무함마드는 자기 잇속만 챙기는 아랍인들을 보며 안타까워했어. 그래서 생각을 정리하기 위해 마을 뒤편의 동굴에 가 자주 명상을 하곤 했지.

그러던 어느 날, 명상을 하던 무함마드는 정신이 번쩍 들었어. 그리고는 자신이 신의 계시를 받았다고 생각했어.

"모든 아랍인이 오직 하나뿐인 신 '알라'를 믿으면 마음을 하나로 모을 수 있을 거야! 그럼 싸움을 멈추고 서로 도우며 살아가겠지!"

무함마드는 자신이 받았다는 신의 계시를 바탕으로 새로운 종교를 만들었어. 이렇게 탄생한 종교가 바로 **이슬람교**야.

질문 있어요!

그림에서 무함마드 얼굴을 가린 이유가 있나요?

이슬람교는 신이 아닌 사람이나 물체를 신처럼 우러러 받드는 우상 숭배를 엄격하게 금지하는 종교야. 신의 모습은 물론이고, 무함마드 같은 예언자의 얼굴을 그리는 것도 금지되어 있어. 필요할 때는 얼굴 윤곽만 그리고 눈, 코, 입을 그리지 않는다든가 얼굴을 천으로 가려서 그린단다.

무함마드는 동굴 밖으로 나와 사람들에게 이슬람교를 전파하기 시작했어.

무함마드가 광장에 나타나면 가르침을 듣고자 하는 사람들이 하나둘 모여들었어. 과부나 고아처럼 먹고살 길이 막막한 이들이 대부분이었지. 무함마드는 애정 어린 눈으로 주변을 둘러보며 말했어.

"우리 모두 알라를 믿으며 마음을 하나로 모아야 합니다. 싸움을 멈추고 가난한 사람들을 돌봅시다! 그것이 알라의 뜻입니다."

"오직 하나뿐인 신 알라를 믿습니다!"

사람들은 눈물까지 글썽이며 무함마드의 말에 귀 기울였어. 기댈 곳 없는 사람들에게 이슬람교는 한줄기 희망이었지.

하지만 무함마드가 모든 아랍인에게 환영 받은 건 아니었어. 부유한 상인들은 광장 한구석에 모여 못마땅한 표정으로 무함마드를 노려보았지.

"신이 하나뿐이면 우리 부족이 믿는 신은 신이 아니라는 말이야?"

"참내, 가난한 사람을 도우라니. 결국 우리가 가진 돈을 나눠 주라는 말이잖아!"

화가 난 상인들은 무함마드를 죽이려고까지 했어. 이 때문에 무함마드는 잠시 메카에서 도망쳐 나와야 했지(헤지라, 622년). 하지만 무함마드는 굴하지 않았어.

"더 많은 사람들에게 알라의 가르침을 퍼뜨려야 한다."

무함마드의 노력 덕에 이슬람교는 아라비아반도 곳곳으로 퍼져 나갔어. 아랍인들은 싸움을 멈추고 함께 이슬람교를 믿으며 힘을 모았지.

오늘날 크리스트교, 불교와 함께 세계 3대 종교로 꼽히는 이슬람교가 그렇게 시작된 거야.

▼ 무함마드가 천사로부터 계시를 받았다는 동굴

용선생의 한 줄 정리
메카의 상인 무함마드가 이슬람교를 창시했어.

이슬람 제국이 만들어지다

무함마드의 지도 아래 이슬람교는 아라비아반도에서 빠르게 퍼져 나갔어. 원래 아라비아반도에는 통일된 나라가 없었기 때문에 이슬람교 집단이 세금을 걷고 군대를 두는 등 하나의 나라처럼 움직였지. 이 나라를 **이슬람 제국**이라고 해.

그런데 무함마드가 후계자를 정하지 못한 채 갑자기 세상을 떠났어. 사람들은 회의를 통해 새로운 지도자를 뽑았지. 이렇게 뽑힌 사람을 **칼리프**라고 해. 칼리프는 '예언자 무함마드의 후계자'라는 뜻이야. 이제 이슬람 제국은 칼리프를 중심으로 움직이게 되었지. 이슬람 제국에서 칼리프는 종교적 지도자면서 나라의 왕이기도 한 셈이야.

"나를 칼리프로 뽑아 주셔서 감사합니다. 예언자 무함마드의 뜻을 이어받아 이슬람교를 널리 알리겠습니다!"

무함마드를 이은 칼리프들은 우선 아라비아반도를 완전히 장악했어. 그리고 아라비아반도 밖의 더 큰 세계로 눈을 돌렸지. 이슬람 제국의 첫 번째 목표물은 사산 왕조 페르시아였어. 사산 왕조 페르시아는 넓은 땅을 차지한 강력한 나라였지만, 비잔티움 제국과의 오랜 전쟁으로 많이 지쳐 있었거든.

"알라께서 우리를 지켜 주신다. 두려워하지 말라!"

알라에 대한 강한 믿음으로 똘똘 뭉친 이슬람의 군대는 거침없이 영토를 넓혀 나갔어. 결국 사산 왕조 페르시아는 10여 년 만에 이슬람 제국 앞에 무릎을 꿇고 말았지.

빠른 속도로 성장한 이슬람 제국이었지만 큰 문제가 하나 있었어. 누가 다음 칼리프가 되어야 하느냐 하는 것이었지. 처음에는 회의를 통해 칼리프를 선출했지만, 사람들의 의견이 늘 하나로 모이는 건 아니었거든. 누군가는 나이도 많고 평판이 좋은 사람이 칼리프가 되어야 한다고 주장했고, 또 다른 사람은 무함마드의 핏줄이 칼리프가 되어야 한다고 주장했지.

시간이 흐를수록 갈등은 더욱 커졌어. 급기야 이슬람교 신자들 사이에서 전쟁이 일어나기도 했지. 피 튀기는 경쟁 끝에 자리에 오른 칼리프는 권력을 내려놓고 싶지 않았어.

"내가 죽으면 생판 남이 이 자리를 차지하게 되잖아. 나는 내 아들에게 자리를 물려줘야겠어!"

7세기 말부터 칼리프 자리는 한 가문 안에서 대대로 **세습**하기 시작했어. 마치 왕이 아들에게 왕위를 물려주듯 말이야. 이제 이슬람 제국은 다른 나라들과 다를 바 없이 세습 군주가 있는 나라가 되었지.

 곽두기의 용어 사전

세습
재산이나 신분, 직업 등을 대를 이어 물려주고 물려받는 걸 말해.

 **용선생의 한 줄 정리**
무함마드 이후 칼리프들이 이슬람교를 더욱 널리 퍼뜨리면서 이슬람 제국이 만들어졌어.

둘로 갈라진 이슬람교

이슬람교는 후계자 자리를 정하는 문제로 종파까지 나뉘었어. 무함마드의 후손만이 칼리프가 될 수 있다는 사람들은 '시아파', 무함마드의 후손이 아니더라도 누구나 능력만 있으면 칼리프가 될 수 있다는 사람들은 '수니파'가 되었지. 두 종파는 천 년이 넘은 지금까지도 서로 갈등하고 있어. 수니파를 대표하는 나라가 사우디아라비아, 시아파를 대표하는 나라가 이란이야.

이슬람교 분포도

동서로 뻗어 나가는 이슬람 제국

이슬람 제국의 페르시아 정복은 시작에 불과했지. 이슬람 제국은 동과 서로 계속해서 뻗어 나갔어.

이슬람 제국이 빠르게 성장한 데는 이유가 있었어. 그건 바로 다른 종교에 대한 포용 정책 때문이었지. 이슬람 제국은 자신들이 정복한 지역의 사람들에게 이슬람교를 믿으라고 강요하지 않았어. 대신 이슬람교로 **개종**하는 사람들에게는 세금을 줄여 주었지.

"툭하면 세금이나 뜯어 가던 나라들보다 훨씬 낫구먼!"

처음에는 낯선 종교에 경계하던 사람들도 차츰 이슬람교로 개종하기 시작했어. 거기다 원래 믿던 종교를 믿어도 큰 문제가 없으니 죽어라 저항할 이유도 없었던 거지.

이슬람 제국은 사산 왕조 페르시아의 국경선이었던 인도의 인더스강 유역까지 세력을 넓혔어. 그리고 비단길의 주요 도시들까지 손에 넣으려고 했지.

그런데 비단길을 차지하려는 건 이슬람 제국만이 아니었어. 같은 시기에 서쪽으로 세력을 확장해 비단길의 주요 거점을 차지하려는 거대한 나라가 있었거든. 바로 중국의 당나라였어.

개종
원래 믿던 종교를 버리고 다른 종교로 바꾸는 걸 말해.

■ 이슬람 제국의 최대 영역

751년, 당시 세계에서 가장 거대한 두 나라가 중앙아시아의 탈라스강 유역에서 맞닥뜨렸어. 아시아 서쪽 끝과 동쪽 끝에서 출발한 나라들이 대륙의 한가운데서 맞부딪힌 거야! 이 **탈라스 전투**에서 이슬람 제국이 승리를 거뒀지. 이 전투로 두 제국의 국경선이 만들어졌어. 이슬람 제국은 비단길의 거점 도시들을 손에 넣어 동서 교역의 주역으로 떠올랐지.

탈라스 전투는 이슬람 제국과 당나라의 국경선을 확정한 것 외에도 많은 의미가 있었어. 전쟁 과정에서 중국의 기술이 이슬람에 전해졌는데, 특히 종이 만드는 기술이 전해져 이후 유럽에까지 널리 퍼지게 되었다고 해.

이슬람 제국의 팽창은 서쪽으로도 이어졌어. 아라비아반도의 서쪽에는 아프리카 대륙이 있는데, 이집트를 시작으로 북아프리카 지역으로 계속 세력을 확장해 나간 거야. 북아프리카를 모두 차지한 이슬람 제국은 바다 건너 유럽까지 노리게 되었지.

"알라의 은총을 바다 건너 유럽에도 전합시다!"

이슬람 제국은 에스파냐와 포르투갈이 위치한 **이베리아반도**까지 손에 넣었어. 중앙아시아부터 서아시아, 북아프리카와 유럽의 이베리아반도를 아우르는 대제국이 만들어진 거야!

용선생의 한 줄 정리

이슬람 제국은 동서로 세력을 뻗어 나가며 아시아, 아프리카, 유럽에 걸치는 대제국으로 성장했어.

유럽의 역사를 뒤흔든 이슬람 제국

이슬람 제국이 이베리아반도를 차지한 사건은 유럽인들을 공포로 몰아넣었어. 이때 이슬람 세력을 격퇴한 카롤로스 대제는 유럽의 영웅이 되었고, 그의 프랑크 왕국은 유럽 주요 나라의 뿌리가 되었지. 한편 이베리아반도를 되찾기 위한 유럽인의 공격도 수백 년간 계속됐어. 이 전쟁을 '레콩키스타'라고 하는데, 우리말로는 '재정복'이라는 뜻이지. 이 지역에는 이슬람의 영향을 받은 건물들이 아직 남아 있단다.

▼ **알람브라 궁전**
(에스파냐 그라나다)
에스파냐 그라나다에 있는 이슬람 유적이야.

동서 교역의 중심, 바그다드

이슬람 제국의 수도 **바그다드**에 아침 해가 떠올랐어. 8세기 무렵 당나라의 장안과 더불어 세계에서 가장 큰 도시가 아침을 맞고 있었지.

"자자, 아프리카에서 들여온 품질 좋은 코끼리 상아! 날이면 날마다 오는 게 아니에요!"

"인도에서 가져온 향신료가 종류별로 있습니다. 유럽에 가져다 팔면 떼돈을 벌 수 있다니까요."

이슬람 제국은 상인들을 보호하고 상업을 장려하는 정책을 펼쳤어. 이슬람교를 창시한 무함마드가 원래 상인 출신인 데다 상인들이 이슬람교의 주요 신자들이었기 때문이지. 게다가 동쪽으로는 비단길을 장악하고, 서쪽으로는 북아프리카와 이베리아반도까지 모두 이슬람교의 세력 아래 있었으니 **이슬람 상인**들은 마음 놓고 장사를 할 수 있었어.

이런 상업 활동의 한가운데 바그다드가 있었어. 바그다드는 사방으로 도로가 나 있어서 어느 방향으로든 움직이기가 편했지. 또

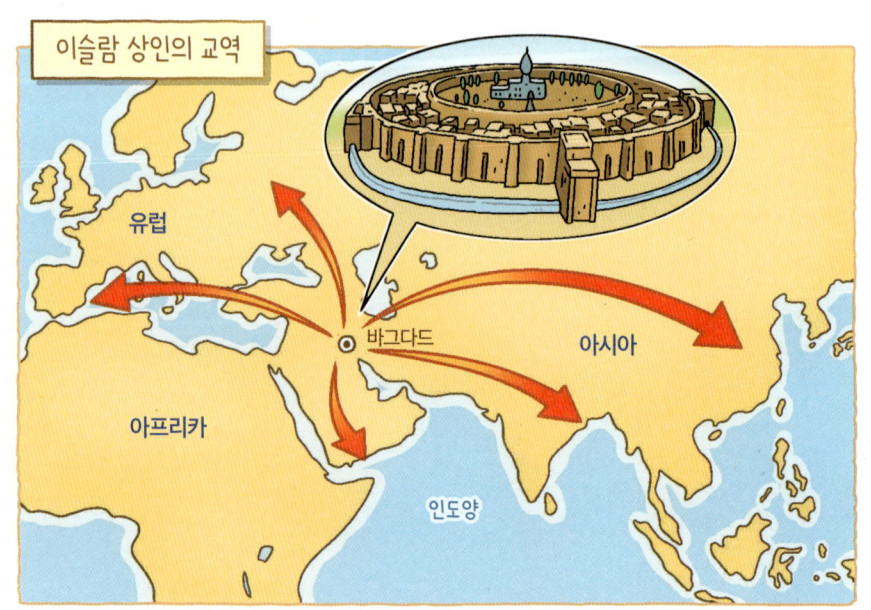

이슬람 상인의 교역

두 개의 큰 강이 바그다드를 둘러싸고 있어 배를 타고 인도양으로 나가기도 편리했어. 덕분에 바그다드는 동서 교역로의 중심지가 되었지. 이슬람의 상인들은 드넓은 바다를 건너 서쪽으로는 아프리카, 동쪽으로는 인도와 동남아시아, 머나먼 중국까지 드나들었어.

이슬람 상인들이 유럽과 아시아, 아프리카를 오가니 그 중심에 위치한 바그다드에는 없는 물건이 없었어. 그야말로 전 세계의 축소판 같았지.

"이번에는 중국보다 더 동쪽으로 가 봐야겠어. 이름이 '코레아'라고 했던가?"

이슬람 상인은 중국을 거쳐 우리나라에까지 들어오기도 했어. 우리나라의 영어 이름인 '코리아'도 고려 시대 우리나라에 들어온 이슬람 상인에 의해 알려진 이름이지.

이렇게 전 세계로 뻗어 나간 이슬람 상인들은 각 나라에서 보고들은 문화를 다른 나라로 전하기도 했어.

"인도에서는 '0'이라는 숫자를 쓴다고 하더군. 0을 쓰니 돈 계산할 때 정말 편리하다던데."

인도에서 만들어진 숫자를 고쳐서 전 세계에 퍼뜨린 것도 바로 이슬람 상인이었어. 바로 1, 2, 3처럼 우리가 쓰고 있는 숫자 말이야. 이 숫자를 **아라비아 숫자** 또는 인도-아라비아 숫자라고 한단다.

이슬람 제국은 학문에 있어서도 세계 최고 수준이었어. 원래 서아시아 지역은 알렉산드로스 제국 이후로 수준 높은 그리스 학문의 영향이 남아 있는 곳이었거든.

특히 바그다드는 전 세계의 지식이 모인 곳이었지. 바그

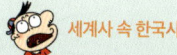
세계사 속 한국사

코레아

고려 시대 역사를 전하는 『고려사』에는 1024년(현종 15년) 대식국의 상인이 고려를 방문했다는 기록이 있어. 이때 대식국은 이슬람 제국을 가리켜. 이들을 통해 고려(Korea)라는 이름이 세계에 알려지게 되었지.

다드에는 세계에서 가장 큰 도서관이자 학문 연구소였던 '지혜의 집'이 있었어. 지혜의 집에서는 그리스의 철학이나 자연 과학, 의학책을 아랍어로 번역하고, 세계의 지식들을 모으고 연구했지.

"그리스 의학책에 있는 대로 환자를 치료했는데 상처가 더 심해졌군. 인도에서 가져온 의학책에는 다르게 쓰여 있는데, 양쪽을 비교해 봐야겠어."

"별의 움직임을 더 정확하게 알 수 있다면 상인들이 낯선 곳에 가서도 방향을 찾기 쉬울 거야."

이슬람 제국에서는 천문학과 지리학도 크게 발전했어. 이슬람교도들은 전 세계 어디에 있든 메카를 향해서 절을 해야 했는데, 그러려면 별을 잘 보고 동서남북을 알아내야 했거든. 또 이슬람 상인들이 전 세계를 누비고 있었으니 여러 지역의 지리 정보를 쉽게 모을 수 있었지.

때마침 중국의 종이 만드는 기술과 인쇄술이 전해진 덕분에 이슬람 학자들은 전보다 더 쉽게 책을 만들 수 있었어. 학자들은 많은 책을 써 내며 지식을 전파하는 데 앞장섰지. 세계 곳곳의 학자들이 이슬람 제국의 앞선 학문을 배우기 위해 바그다드를 찾아와 학문의 교류가 이뤄지기도 했단다.

 질문 있어요!

이슬람 제국의 학문 수준이 높았던 이유는 뭔가요?

이슬람교도는 어려서부터 이슬람교의 경전인 『쿠란』을 읽어야 했어. 그래서 글을 읽거나 쓸 줄 모르는 문맹이 적었지. 반면 당시 유럽은 성직자들 외에는 대부분의 사람이 문맹이었다고 해.

 **용선생의 한 줄 정리**
이슬람 상인들은 전 세계를 무대로 활발하게 활동했고, 바그다드는 상업과 학문의 중심지가 되었어.

이슬람교도의 생활

황량한 사막에 **이글거리는** 태양빛이 내리쬐었어. 한 무리의 이슬람교도들이 뜨거운 태양을 견디며 꿋꿋이 앞으로 나아가고 있었지. 저 멀리 이슬람교 최고의 성지 메카의 모습이 보였어. 이들은 감격에 차올랐지.

"죽기 전에 드디어 메카에 오게 되었구나."

이들은 메카로 순례를 떠난 이슬람교도들이었어. 사람들은 메카를 향해 절을 올렸지.

"알라 이외에 다른 신은 없으며, 무함마드는 알라의 예언자입니다."

이슬람교도들은 세상 어디에 있든 매일 메카를 향해 절을 해야 했어. 또 일생 동안 한 번은 성지인 메카 순례에 나서야 했지. 메카 순례는 이슬람교도들의 의무이자 꿈이기도 했어. 그래서 메카를 본 순례객들이 감격했던 거야.

이슬람교를 믿는 사람들은 이외에도 지켜야 할 것들이 있어. 이슬람교도가 지켜야 할 사항은 이슬람교 경전인 『쿠란』에 적혀 있지. 『쿠란』은 이슬람교의 가르침을 담은 경전이자, 이슬람 세계의 법전이기도 해.

메카에 도착한 순례객들은 카바 신전으로 걸음을 옮겼어.

"먼저 카바 신전을 7바퀴 돌아야지. 그리고 기도를 드리고, 무함마드가 가르침을 전했던 장소들을 돌아봐야겠어."

카바 신전은 하늘에서 떨어진 돌을 모

 곽두기의 용어 사전

순례
종교가 탄생한 곳이나 성인의 무덤 등 종교적으로 의미가 있는 곳을 찾아 방문하는 것을 말해.

▼ 이슬람교 경전 『쿠란』
아랍어로 기록된 이슬람교 경전으로, 아랍어 외의 다른 언어로 번역하는 것이 금지되어 있어. 그래서 이슬람교가 전파되는 지역에서는 아랍어가 널리 쓰이고 있지.

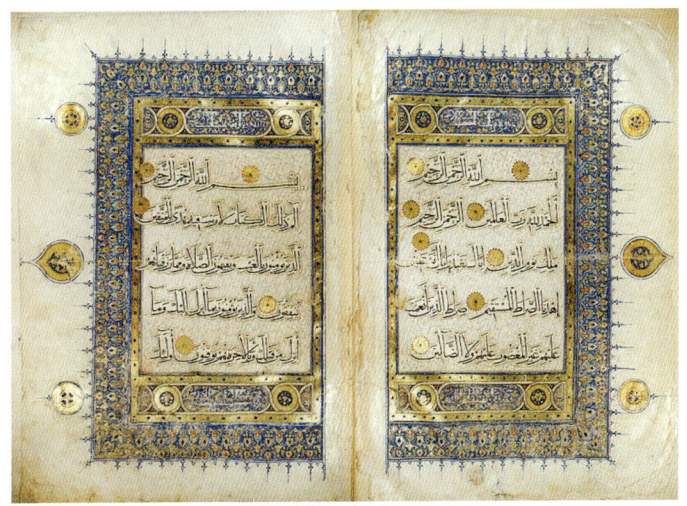

• 이슬람 제국이 동서 교역을 장악하다

▲ 카바 신전에 모인 이슬람교도들
오늘날에도 전 세계에서 해마다 수백만 명의 사람들이 와서 기도를 올린단다.

셔 놓은 곳으로, 옛날부터 아랍인들이 신성하게 여긴 신전이었어. 메카 순례객들의 최종 목적지이기도 했지.

순례객들이 오가는 길가에는 구걸하고 있는 사람들도 있었어. 순례객들은 이들에게 돈을 주기도 했지. 가난한 사람을 돕는 일도 무함마드의 가르침이자 이슬람교의 의무였거든.

카바 신전에 도착해 보니 이미 수많은 이슬람교 신자들이 모여 있었어. 수백, 수천 명의 사람이 카바 신전을 둘러싸고 빙글빙글 도는 모습은 그야말로 장관이었을 거야.

용선생의 한 줄 정리
이슬람교도들은 『쿠란』에 있는 가르침에 따라 살고 있어.

이슬람교도의 의무

1. 알라에 대한 신앙 고백을 한다.
2. 매일 메카를 향해 절한다.
3. 금식 기간 동안 낮에는 음식을 먹지 않는다.
4. 일생 동안 메카를 순례한다.
5. 재산을 기부하여 가난한 사람을 돕는다.

수재의 세계사 노트

> 교과서에 나오는 중요한 내용을 정리했어!

이슬람교의 성립	아라비아반도	① 상인들이 아라비아반도를 새 교역로로 이용 ② 아라비아반도의 **메카**가 무역 중심 도시로 성장
	이슬람교의 탄생	① 메카의 상인 **무함마드**가 '알라'를 믿는 **이슬람교**를 창시 (7세기)
이슬람 제국	칼리프 시대	① 무함마드가 죽은 뒤 **칼리프**가 **이슬람 제국**을 이끎 ② **사산 왕조 페르시아**를 정복(651년) ③ 칼리프 자리를 훗날 특정 가문이 세습
	이슬람 제국의 발전	① 다른 종교에 대한 포용 정책을 펼침 ② 당나라와 비단길을 두고 **탈라스 전투**를 벌여 승리(751년) ③ 아시아, 아프리카, 유럽에 이르는 대제국으로 발전
이슬람 문화권	이슬람의 문화	① 이슬람 제국의 수도 **바그다드**가 상업으로 크게 번성 ② 인도에서 숫자 '0'을 받아들여 **아라비아 숫자**를 퍼뜨림 ③ **지혜의 집**에서 그리스의 다양한 학문을 아랍어로 번역하고 연구
	이슬람교도의 생활	① 매일 메카를 향해 절을 하고, 일생에 한 번 성지인 메카를 순례 ② 이슬람교의 경전인 **『쿠란』**의 가르침을 따름

세계사 능력 시험

01 빈칸에 들어갈 내용으로 알맞은 것은 무엇일까? ( )

> 아라비아반도는 새로운 동서 교역로로 떠올랐어요. 그 이유는 _____
> 특히, 이곳의 메카는 대표적인 상업 도시로 떠올랐어요.

① 전쟁으로 비단길이 막혔기 때문이에요.
② 아소카왕이 인도를 통일했기 때문이에요.
③ 키루스가 서아시아를 통일했기 때문이에요.
④ 로마와 카르타고가 전쟁을 했기 때문이에요.

02 (가)에 들어갈 인물에 대한 설명으로 알맞은 것은 무엇일까? ( )

오늘의 인물: (가) (570년~632년)

- 메카의 상인 출신
- 신의 계시를 받아 이슬람교를 창시.

① 로마를 멸망시켰어요.
② 알라를 유일신으로 내세웠어요.
③ 아우구스투스라는 칭호를 받았어요.
④ 돌궐 제국을 정복해 영토를 넓혔어요.

✓ 시험에 잘 나와!

03 (가) 시기에 있었던 일로 알맞은 것은 무엇일까? ( )

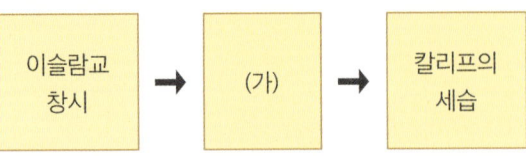

이슬람교 창시 → (가) → 칼리프의 세습

① 키루스의 서아시아 통일
② 왕의 길을 만든 다리우스
③ 나라의 법을 통일한 함무라비왕
④ 탄압을 피해 메카에서 도망친 무함마드

04 다음 백과사전에서 볼 수 있는 내용으로 알맞지 않은 것은 무엇일까? ( )

> **백과사전**
>
> **이슬람 제국**
>
> 무함마드가 창시한 이슬람교가 아라비아반도에서 빠르게 퍼져 나갔다. ① 이후 이슬람교 집단이 하나의 나라가 되었는데, 이를 이슬람 제국이라고 한다. 이슬람 제국은 무함마드가 죽은 뒤 ② 회의를 통해 새로운 지도자 칼리프를 뽑았다. ③ 칼리프는 사산 왕조 페르시아를 무너뜨리며 세력을 키워 나갔다. 한편 ④ 칼리프 자리는 여러 가문이 돌아가며 자리에 오르는 방식으로 정착되었다.

05 밑줄 친 '이 전투'에 대한 설명으로 알맞지 <u>않은</u> 것은 무엇일까? ( )

비단길을 두고 이슬람 제국과 당나라가 벌인 전투야.

이슬람 제국이 이 전투에서 승리를 거두었어.

① 이슬람 제국이 유럽 전체를 장악했어요.
② 이슬람 제국이 동서 교역의 중심이 되었어요.
③ 종이 만드는 기술이 이슬람에 전해지게 되었어요.
④ 이슬람 제국이 비단길의 거점 도시를 차지하게 되었어요.

06 빈칸에 들어갈 곳을 지도에서 바르게 고른 것은 무엇일까? ( )

_____는 유프라테스강과 티그리스강 등 두 개의 큰 강에 둘러싸여 있는 이슬람 제국의 도시예요. 이곳은 동서 교역의 중심지로 외국의 다양한 문물이 모여들었어요.

07 다음 발표에서 들을 수 있는 내용으로 알맞지 <u>않은</u> 것은 무엇일까? ( )

> **발표 주제: 이슬람 문화의 발달**

① 그리스의 지식을 연구하던 '지혜의 집'
② 실용적인 문화를 엿볼 수 있는 수도교
③ 중국의 인쇄술을 유럽에 전한 이슬람 상인
④ 전 세계에서 널리 사용되는 아라비아 숫자

08 밑줄 친 '이 종교'를 믿는 사람들의 특징으로 알맞지 <u>않은</u> 것은 무엇일까? ( )

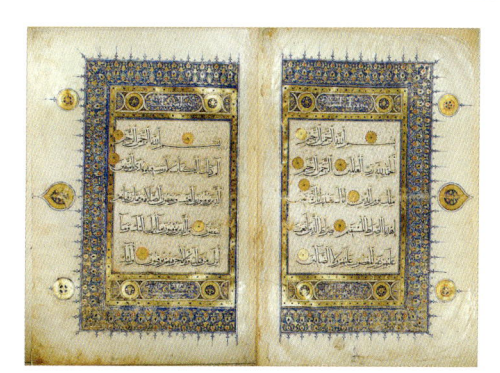

『쿠란』은 이 종교를 믿는 신도가 지켜야 할 사항을 적은 경전이다. 신도들은 『쿠란』에 쓰인 다섯 가지 가르침에 따라 살았다.

① 알라 외에도 다양한 신을 믿었어요.
② 일생에 한 번 메카 순례에 나섰어요.
③ 하루에 다섯 번 메카를 향해 예배를 드렸어요.
④ 가난한 사람들을 돕기 위해 재산의 일부를 기부했어요.

이슬람 달력의 기원이 된 헤지라

예언자 무함마드가 메카를 탈출한 622년을 이슬람 달력에서는 기원으로 삼고 있어. 그만큼 이슬람교에서 의미가 큰 사건인 거야. 무함마드는 자신을 죽이려는 사람들을 피해 메디나로 간 것이지만, 이를 계기로 작은 종교 공동체였던 이슬람교가 정치적인 역할까지 하는 정치·종교 공동체가 되었거든. 이슬람 제국의 출발점으로도 볼 수 있는 사건이지.

· 이슬람 제국이 동서 교역을 장악하다 155

4 크리스트교와 유럽 문화

- 717년 이슬람 제국, 콘스탄티노폴리스 공격
- 726년 비잔티움 제국, 성상파괴령
- 800년 카롤루스 대제, 서로마 황제 즉위
- 1077년 카노사의 굴욕
- 1096년 십자군 전쟁 시작

서로마 지역에 프랑크 왕국이 세워지다

서로마가 멸망한 뒤, 그 자리에는 게르만족의 여러 나라가 들어섰어. 하지만 대부분 금방 멸망하고 말았지. 나라가 세워지고 망하고를 반복하니 사람들은 혼란에 빠졌어. 그런데 이때, 꾸준히 힘을 키워 나간 나라가 있었어. 바로 **프랑크 왕국**이야.

프랑크 왕국은 다른 나라와 달리 금방 망하지 않고 세력을 확장해 나갔어. 프랑크 왕국의 성공 비결은 로마인들의 종교를 받아들인 것이었지. 바로 크리스트교 말이야.

"서로마 사람들은 크리스트교를 믿는다. 그러니 저들을 잘 다스리기 위해서는 우리도 저들의 종교를 받아들여야 할 것이다!"

프랑크 왕국의 왕은 게르만족보다 훨씬 더 많은 수의 서로마 사람들을 다스리기 위해 스스로 크리스트교로 개종했어. 그러자 게르만족의 지배에 불만을 가졌던 서로마 지역 사람들도 프랑크 왕국에 대해서는 좋은 감정을 갖게 되었지.

"프랑크 왕국은 다른 게르만족이랑은 달라."

"암, 크리스트교 신자라면 믿을 만하지."

이렇게 로마의 종교를 받아들인 덕분에 프랑크 왕국은 서유럽에 안정적으로 자리 잡을 수 있었어.

그런데 이때 프랑크 왕국을 위협하는 세력이 있었어. 생겨난 지 얼마 되지 않은 이슬람 제국이었지. 이슬람 제국은 북아프리카와 유럽의 이베리아반도를 차지하고, 프랑크 왕국의 땅까지 넘보기 시작했어.

에스파냐와 포르투갈이 있는 지역으로, 유럽의 서쪽 끝 부분이야.

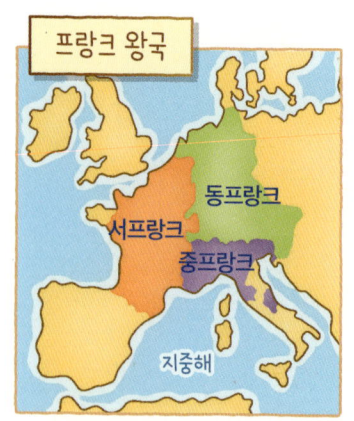

카롤로스 대제가 죽은 뒤 그 아들들이 왕국을 셋으로 나누었어.
이들 세 왕국은 각각 프랑스, 이탈리아, 독일의 뿌리가 되었단다.

"이슬람 제국은 거기서 멈춰라!"

프랑크 왕국의 신하였던 카롤루스 마르텔은 군대를 이끌고 이슬람군의 공격을 물리쳤어. 프랑크 왕국 사람들은 카롤루스 마르텔을 영웅으로 떠받들었지. 그러자 그 인기에 힘입어 카롤루스 마르텔의 아들이 왕위를 빼앗아 왕국을 차지해 버렸어. 그리고 그 다음 왕인 **카롤루스 대제** 때는 영토를 크게 넓히며 프랑크 왕국의 전성기를 누렸지.

"서유럽 땅을 모두 손에 넣어 로마 제국의 영광을 되살리자!"

마침내 프랑크 왕국은 서유럽 대부분의 땅을 차지했어. 카롤루스 대제는 새로 정복한 땅에 크리스트교를 전하기 위해 앞장섰지. 교황은 이를 흐뭇하게 바라봤어. 크리스트교를 구해 줄 든든한 보호자가 생겼으니 말이야.

800년, 교황은 카롤루스 대제에게 서로마 황제의 왕관을 씌워줬어.

"카롤루스 왕은 크리스트교의 보호자로서 서로마 제국의 왕관을 받을 자격이 충분하도다!"

이민족이었던 게르만족이 서유럽의 주인공으로 우뚝 서는 순간이었지.

▲ 카롤루스 대제의 서로마 황제 대관식

용선생의 한 줄 정리
서로마 지역에 프랑크 왕국이 세워져 크리스트교를 보호했어.

유럽의 봉건제

카롤루스 대제 이후에 프랑크 왕국은 또다시 이민족의 침입에 시달렸어. 국왕은 혼자서는 나라를 지키기 어렵다고 생각해서 **기사**들과 힘을 합치기로 했지. 기사들은 늘 전쟁에 대비해서 훈련을 하는 사람들이었거든. 하지만 기사들에게 그럴싸한 보상을 주지 않으면 기사들이 왕에게 충성을 바칠 리 없었지.

"나라의 땅을 나눠 주고 충성을 바치라고 해야겠어."

왕은 기사에게 땅을 나눠 주고는 그곳을 다스리게 했어. 기사는 그 대가로 왕에게 충성을 바치는 계약 관계가 만들어지기 시작했지. 이런 제도를 ★교과서 핵심어 **봉건제**라고 해.

그런데 봉건제는 왕과 기사 사이에 한 번만 있는 게 아니었어. 왕은 큰 세력을 가진 기사에게 땅을 나눠 주고, 그 기사는 또 다른 기사에게 땅을 나눠 줬지.

"자네에게 땅을 나눠 줄 테니 전쟁이 나면 적과 싸워야 하네."

왕 아래에 공작이나 후작, 백작 같은 큰 귀족들이 있고, 그 아래에 낮은 **작위**의 기사들이 또 있는 식이었지. 크든 작든 땅을 나눠 받으면 모두 영주였어. 영주는 자기 땅에서는 왕과 같이 모든 권력을 가지고 있었지.

"내 땅에서는 내가 세금을 걷고 재판을 한다. 국왕이 와도 내 땅에서는 함부로 못해!"

봉건제는 유럽 전체에 퍼져 나갔어. 국왕의 힘이 약해지는 것이긴 하지만, 적으로부터 나라를 지키기 위해서는 기사들의 힘이 꼭 필요했거든.

 질문 있어요!

유럽의 봉건제는 중국 주나라의 봉건제와 어떻게 달라요?

제후에게 나라를 나눠 다스리게 한다는 점에서는 비슷해. 하지만 중국은 친척에게 땅을 나눠 주는 데 반해, 유럽은 왕과 기사 간에 서로의 의무를 지킬 것을 약속한 계약 관계였지. 그래서 서로 이해 관계가 맞지 않으면 언제든 헤어질 수 있었어.

 곽두기의 용어 사전

작위
공작, 백작, 남작 등 귀족의 계급을 뜻하는 말이야.

영주가 다스리는 마을을 '**장원**'이라고 불렀어. 장원은 하나의 작은 나라나 마찬가지였지. 장원의 사람들은 직접 농사를 지어 생산한 것으로 먹고살았어.

장원의 농민들은 스스로를 지킬 힘이 없었기 때문에 기사인 영주의 보호를 받았어. 대신 영주가 시키는 일을 해야 했지. 각종 세금을 내고, 영주의 땅도 **경작**했어. 성을 쌓고 다리를 놓는 일도 농민들의 몫이었지. 농민들은 영주의 허락 없이는 장원을 떠날 수도 없었어. 어떻게 보면 노예와 비슷한 처지였던 거야. 그래서 장원의 농민들을 '**농노**'라고 부르지.

"우리 마음대로 할 수 있는 것도 없고, 노예와 다를 게 뭐 있나."
"그래도 이민족의 칼에 죽는 것보다는 낫지 않은가."

국왕이 전쟁의 위험 때문에 기사들에게 땅을 나눠 주게 된 것처럼, 농노들도 외적의 공격에서 보호 받기 위해서는 장원에 묶여 지내는 것 외에는 방법이 없었던 거야.

곽두기의 용어 사전

경작
논밭을 갈아 농사를 짓는 걸 말해.

질문 있어요!

농노는 노예와 다른 건가요?

영주의 명령을 따라야 한다는 점에서는 노예와 비슷한 부분도 있어. 하지만 농노는 노예와 달리, 자신의 가족을 이루고 자기 땅을 가질 수 있었지. 또 노예처럼 매매의 대상이 되지는 않았다는 점에서 차이가 있어.

용선생의 한 줄 정리
유럽에 영주들이 나라를 나누어 다스리는 봉건제가 자리 잡았어.

유럽 전체가 크리스트교 세계가 되다

프랑크 왕국 이후로 국왕에서부터 장원의 농노에 이르기까지, 유럽에 사는 사람들은 모두 크리스트교와 함께 일생을 보냈어. 로마 출신이든 게르만족이든 상관없이 모든 사람의 삶에 교회가 있었지.

"신부님, 새로 태어난 저희 아기에게 축복을 내려 주세요."

"사랑스러운 아기군요. 아이에게 하느님의 축복이 함께하기를!"

사람들은 아기가 태어나면 가장 먼저 교회를 찾아가곤 했어. 결혼식이나 장례식 때도 교회에 모였지. 인생의 가장 중요한 순간에는 항상 교회가 함께한 거야.

유럽의 마을마다 교회가 있고, 그 교회마다 성직자들이 있었어. 성직자들도 계급이 있었는데, 가장 높은 사람을 교황이라고 해. 모든 성직자들은 교황의 명령을 따라야 했지. 국왕의 명령은 자신의 작은 나라 안에만 미쳤지만, 교황의 명령은 서유럽 전체에 미쳤어. 교황의 영향력이 아주 클 수밖에 없었겠지?

제226대 교황 프란치스코 (1936년~)
전 세계 10억 명이 넘는 사람이 가톨릭 신자라고 해. 그래서 가톨릭의 교황은 지금도 큰 권위를 가지고 있지.

그런데 교황이 이렇게 큰 영향력을 가지고 있으니 교황의 권력을 탐내는 사람들이 있었어. 왕이나 힘 있는 제후들이었지.

"교황이 내 편이 된다면 세상이 내 뜻대로 움직일 텐데."

힘 있는 왕이나 제후는 종종 교황을 협박해서 자기 말을 듣게 했는데, 이럴 때마다 교황은 다른 제후에게 도움을 요청해야 했어.

"교황님을 괴롭히다니! 크리스트교 신자로서 가만히 두고 볼 수 없지!"

독일 지역을 다스리던 오토 1세는 교황이 위험에 빠졌다는 소식을 듣고 주먹을 불끈 쥐었어. 오토 1세는 교황을 위협하는 이들을 막아내는 교황의 방패막이 되었지. 그러자 교황은 카롤루스 대제에게 그랬던 것처럼 오토 1세에게 서로마 제국 황제의 관을 씌워 주었어.

"오토 1세여, 당신을 서로마 제국의 계승자로 인정합니다!"

로마 제국을 계승한 이 나라는 훗날 **신성 로마 제국**이라 불렸어. 로마의 뒤를 잇는 신성한 제국이라는 뜻이었지. 이후 19세기 전까지 서유럽에서 '황제'라고 하면 이 신성 로마 제국의 황제를 일컫는 말이 되었어. 여러 제후 가운데서도 가장 큰 세력을 가진 제후가 신성 로마 제국의 황제 자리를 차지할 수 있었지. 한편 교황도 신성 로마 제국의 보호를 받으며 자신의 권력을 더욱 키워 나갔어.

그러던 어느 날, 신성 로마 제국의 황제와 교황이 서로 힘겨루기를 하는 일이 벌어지게 되었어! 성직자를 누가 임명할 것인가 하는 문제를 두고 황제 하인리히 4세와 교황 그레고리우스 7세가 다투게 된 거야.

"지금껏 교황을 지켜준 게 바로 신성 로마 제국의 황제이거늘! 감사한 줄도 모르고!"

황제는 교황을 쫓아내려고 했어. 하지만 교황도 물러서지 않았지.

"교황의 권한으로 황제 하인리히 4세를 교회에서 파문시키겠습니다!"

사람들은 모두 화들짝 놀랐어.

"파문이라고? 그럼 죽은 뒤 구원을 받을 수 없잖아."

파문을 당한다는 건 크리스트교 신자로 인정하지 않겠다는 뜻이었어. 그런데 당시 사람들은 크리스트교 신자가 아니면 죽은 뒤에 하느님의 구원을 받을 수 없다고 믿었거든.

신성 로마 제국은 로마 제국과 관련이 있나요?

신성 로마 제국은 로마 제국과 직접적인 관련은 없어. 중부 유럽의 강대국이긴 하지만, 과거 로마 제국처럼 주변을 모두 다스리는 것도 아니었지. 그래서 둘을 구분하기 위해 꼭 '신성'이라는 말을 붙인단다.

황제는 교황과의 힘겨루기에서 자신이 패배했다는 사실을 깨달았어. 추운 겨울, 황제는 눈보라를 헤치고 교황이 머무는 '카노사'라는 성으로 직접 찾아갔어. 하지만 교황은 황제를 만나 주지도 않았지. 황제는 매서운 추위를 견디며 성문 앞에 무릎을 꿇었어.

"교황님, 부디 저에게 용서를 베푸십시오."

카노사의 성문은 3일이 지난 후에야 열렸고, 교황은 그제야 황제의 사과를 받아들였어. 이 사건을 **카노사의 굴욕**(1077년)이라고 해. 서유럽에서 교황의 힘이 얼마나 강력했는지를 잘 보여주는 사건이었지.

▲ **교황을 찾아가 용서를 비는 황제**
하인리히 4세가 무릎을 꿇고 카노사의 백작에게 그레고리우스 7세 교황을 만나게 해 달라고 부탁하고 있어.

용선생의 한 줄 정리
유럽 전체에 크리스트교가 뿌리내리고, 교황이 막강한 권력을 가졌어.

크리스트교가 둘로 나뉘지다

게르만족이 서유럽에 터를 잡고 살게 되자, 교황은 게르만족에게 크리스트교를 전하려 애썼어. 하지만 게르만족은 성서를 받아 들고도 멀뚱멀뚱했지. 글자를 모르는 사람이 대부분이었거든.

"어떻게 하면 게르만족에게 하느님의 가르침을 전할 수 있을까?"

글자를 모르는 이들에게 성서 내용을 알려주기란 여간 어려운 일이 아니었어. 교황은 고민 끝에 결정을 내렸지.

"성서를 쉽게 배울 수 있도록 성상을 만듭시다."

성상은 신의 모습을 본뜬 조각이나 그림을 말해. 그런데 성서에는 성상을 만들지 말라고 적혀 있어. 교황도 이를 알고 있었지만 게르만족에게 크리스트교를 전파하기 위해 성상을 만들 수밖에 없었지. 서유럽의 교회에는 성서의 장면을 그린 그림이 걸렸어. 또 예수나 성모 마리아의 모습을 담은 조각상도 생겨났지.

"성모 마리아가 저런 모습으로 아기 예수를 안고 있었군요."

"날개 달린 천사들이 우리를 지켜보고 있겠네."

성상 덕분에 게르만족은 크리스트교를 쉽게 받아들일 수 있었어.

그러던 어느 날, 비잔티움 제국의 사신이 교황을 찾아왔어.

"비잔티움 황제의 명령이오. 성상을 만드는 것은 하느님의 말씀을 어기는 일! 모든 성상을 부수고 하느님께 용서를 구하시오!"

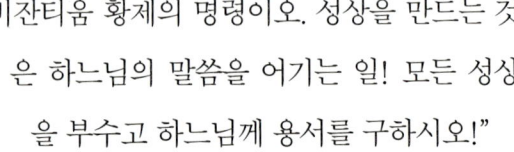

크리스트교가 오랫동안 뿌리내린 비잔티움 제국에서는 성상 없이도 교회의 가르침을 전할 수 있었어. 그래서 비잔티움 황제는 성상을 모두 부수라는 **성상 파괴령**(726년)을 내릴 수 있었던 거야. 하지만 게르만족이 많이 사는 서유럽에서는 성상 없이 크리스트교를 전하기 어려웠지. 교황은 무턱대고 성상을 부수라는 말에 화가 났어.

"성상 파괴령이라니, 그건 이쪽 상황을 전혀 모르고 하는 소리요. 아무리 비잔티움 제국 황제의 명령이라 해도 우리는 따를 수 없소. 서유럽 교회의 일은 교황인 내가 알아서 할 테니 신경 쓰지 마시오!"

교황은 비잔티움 황제의 명령을 거절하고 사신을 돌려보냈어. 성상을 둘러싼 교황과 비잔티움 황제 사이의 갈등은 계속되었고, 결국 크리스트교는 둘로 나뉘었지. 교황이 이끄는 교회는 **가톨릭**이란 이름으로 서유럽에 자리 잡았어. 반면 비잔티움 제국이 이끄는 교회는 **정교회**라는 이름으로 동유럽에 퍼져 나갔지. 러시아를 비롯한 동유럽에는 오늘날에도 정교회가 큰 영향을 미치고 있어.

 질문 있어요!

비잔티움 제국이 성상에 대해 더 엄격했던 이유?

비잔티움 제국은 이슬람 세력과 대결을 펼치고 있었어. 그런데 이슬람교는 신이나 천사의 모습을 조각이나 그림으로 만드는 걸 철저하게 금지했지. 비잔티움 제국은 이슬람 세력과 전쟁뿐만 아니라 종교적으로도 경쟁하고 있었어. 그래서 성서의 가르침을 철저하게 따르려고 했던 거야.

용선생의 한 줄 정리
성상을 만드는 문제로 크리스트교가 가톨릭과 정교회로 나뉘었어.

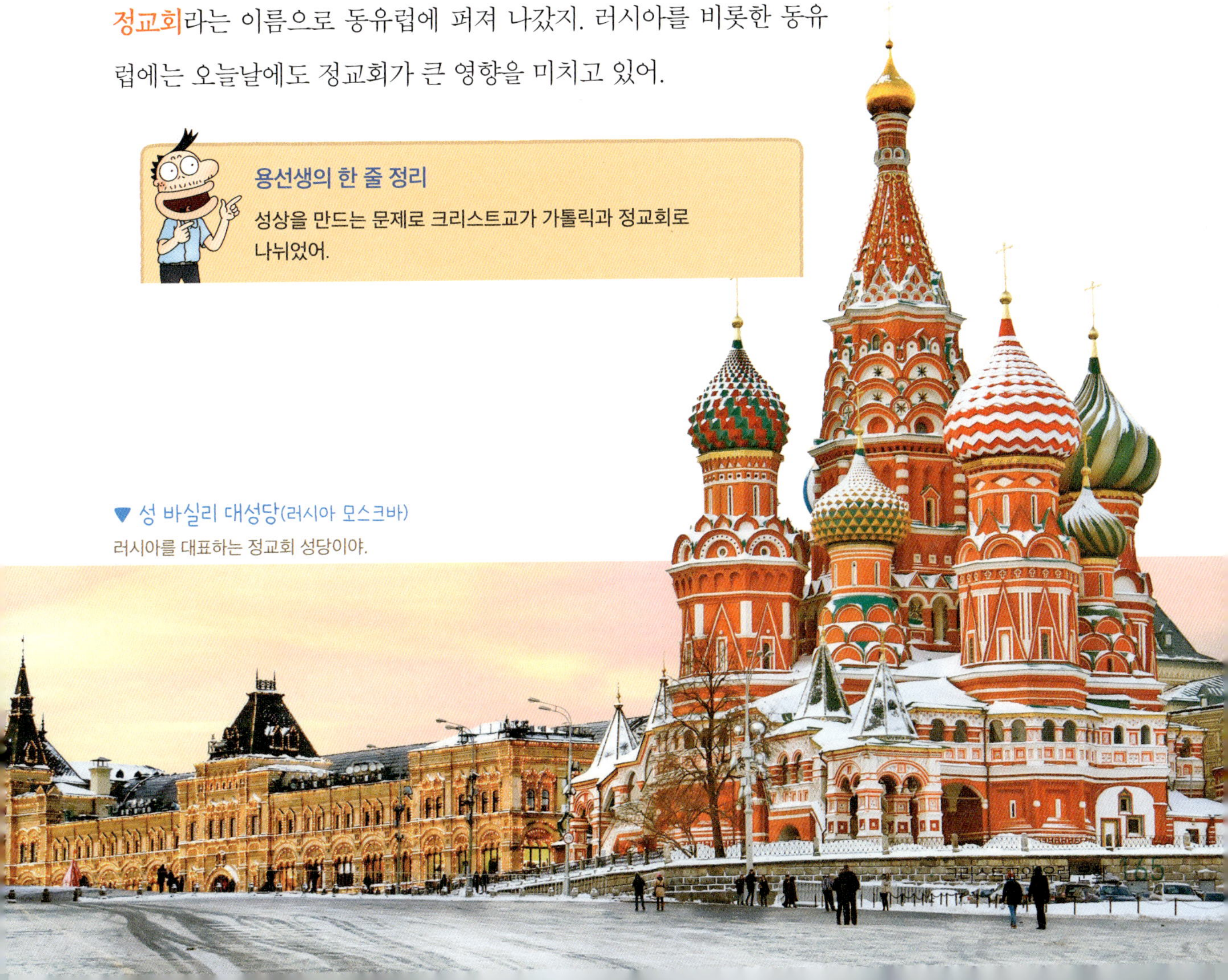

▼ **성 바실리 대성당**(러시아 모스크바)
러시아를 대표하는 정교회 성당이야.

서유럽의 방패가 된 비잔티움 제국

"페르시아가 약해지니 이번엔 이슬람 제국이냐? 오냐, 얼마든지 덤벼라!"

비잔티움 제국의 황제는 적군을 보며 칼을 쥐고 있는 손에 힘을 주었어. 그가 서 있는 곳은 로마 시대부터 제국의 수도 역할을 한 **콘스탄티노폴리스**의 성벽 위였지.

비잔티움 제국은 유럽과 아시아의 길목에 있는 탓에 잦은 전쟁에 시달려야 했어. 특히 제국의 수도 콘스탄티노폴리스는 아시아와 유럽 사이의 **관문**과 같은 역할을 하는 도시였어. 게다가 로마 시대부터 중요한 도시로 여겨졌기 때문에 도시 곳곳에 로마 제국의 흔적이 남아 있었지. 비잔티움 제국의 황제는 이처럼 유서 깊고 부유한 콘스탄티노폴리스를 지키기 위해 온 힘을 다했어.

"이슬람 군대는 결코 만만한 적이 아니다. 그들이 쳐들어오기 전에 성벽을 정비하라!"

콘스탄티노폴리스의 성벽은 이중, 삼중으로 쌓여 있어서 아주 튼튼했어. 어떤 적이든 막을 수 있도록 방어 시설도 철저하게 갖춰

곽두기의 용어 사전

관문
다른 나라로 가기 위해 꼭 거쳐야 하는 길목을 말해.

▼ **성 소피아 대성당**
(튀르키예 이스탄불)
오늘날 튀르키예를 대표하는 건축물이야. 원래는 비잔티움 제국의 성당으로 쓰였는데, 지금은 이슬람 사원으로 사용하고 있어.

있었지. 비잔티움 제국은 만반의 준비를 갖추었어.

마침내 이슬람 군대가 그 모습을 드러냈어. 이슬람 병사들은 콘스탄티노폴리스의 성을 향해 돌진하며 외쳤지.

"이슬람의 군대여, 유럽의 관문인 저 성을 부숴라! 이슬람의 위대함을 알리자!"

이슬람 군대의 고함소리가 도시를 뒤흔들었어. 하지만 비잔티움 제국의 군인들은 두려움을 이겨내고 굳건히 성을 지켰지. 튼튼한 콘스탄티노폴리스의 성벽도 비잔티움 제국을 지켜 내는 데 한몫했어. 이슬람 군대는 결국 성벽을 뚫지 못하고 빈손으로 돌아가야 했지. 적들이 물러가자 비잔티움 제국의 군인들은 환호성을 질렀어.

"위대한 비잔티움 제국! 콘스탄티노폴리스여, 영원하라!"

비잔티움 제국은 이후로도 몇 번이나 이슬람 세력을 막아냈어. 비잔티움 제국은 서로마 제국이 망하고 나서도 천 년 가까운 역사를 이어 나갔지. 비잔티움 제국이 떡하니 버티고 있던 덕분에 서유럽은 이슬람 제국의 침입에 대한 걱정 없이 크리스트교 문화를 발전시켜 나갈 수 있었어. 비잔티움 제국은 당시 서유럽의 방패와도 같았던 거야.

비잔티움 제국의 영역

용선생의 한 줄 정리

비잔티움 제국은 이슬람 세력을 막아내며 천 년의 역사를 이어 갔어.

십자군 전쟁으로 유럽에 변화가 일어나다

　11세기, 이슬람 세력과 계속해 전쟁을 치르던 비잔티움 제국의 황제는 긴 고민 끝에 결단을 내렸어.
　"우리의 힘만으로는 저들의 공격을 버티기 어렵다. 교황에게 도움을 요청해야겠어."
　그즈음 비잔티움 황제와 교황은 정교회와 가톨릭으로 완전히 갈라선 상태였어. 하지만 제국이 망하느냐 살아남느냐 하는 문제이니 황제는 자존심을 접을 수밖에 없었지. 비잔티움 황제의 부탁을 받은 교황은 코웃음을 쳤어.
　"흥, 콧대 높은 비잔티움 황제가 나에게 머리를 수그리다니 어지간히 급한가 보군. 이 기회를 이용해 크리스트교 세계에서 누가 가장 힘이 강한지 확실히 보여줘야겠어."
　교황은 비잔티움 황제의 요청보다는 **예루살렘**을 차지하는 데 관심이 있었어. 예루살렘은 예수가 처형된 곳으로 크리스트교의 성지였지. 그런데 그 지역을 이슬람 세력이 차지했거든.
　교황은 성지인 예루살렘을 되찾는다면 자신의 권위가 더욱 높아질 것이라 생각했어. 그렇게 된다면 동유럽과 서유럽을 아울러 크리스트교 세계에서 자신이 가장 높은 자리를 차지할 수 있다고 생각했지.
　교황은 수많은 사람이 모인 자리에서 연설을 펼쳤어.
　"하느님의 자녀들이여, 이슬람 세력이 우리 형제를 죽이고 교회를 파괴하고 있습니다. 모두 함

예루살렘은 크리스트교뿐만 아니라, 유대교, 이슬람교의 성지이기도 한 곳이야. 그래서 옛날부터 이곳을 차지하려는 싸움이 그치질 않았지.

께 나서서 저들을 무찌르고 성지 예루살렘을 되찾읍시다! 하느님의 명령입니다!"

교황은 이교도와 싸우다 죽으면 모든 죄를 용서받고 천국에 갈 수 있다는 말도 덧붙였어. 교황의 연설에 감동 받은 서유럽의 기사들은 깃발을 내걸었어.

"하느님의 명령을 따르자! 크리스트교를 우리 손으로 지키자!"

왕과 귀족은 물론 농민들까지 저마다 돈과 무기를 마련해 예루살렘으로 향했지. 이렇게 만들어진 군대를 ★교과서 핵심어 **십자군**이라고 불러. 갑옷과 방패에 크리스트교의 상징인 십자가가 새겨져 있던 데서 따온 이름이지.

우린 하느님의 군대. 예루살렘을 되찾자!

1096년, 첫 번째 원정군이 서유럽을 출발했어. 서아시아에 도착한 십자군은 이슬람 세력과 전투를 벌였지. 믿음으로 똘똘 뭉친 십자군은 예루살렘을 차지하고 크리스트교 왕국을 세웠어.

십자군의 승리는 이슬람군의 패배를 의미했지. 승리에 환호하는 십자군 뒤에는 이슬람교도들의 시신이 산처럼 쌓였어. 게다가 십자군은 이슬람 상인들을 닥치는 대로 죽이고 재물을 빼앗기도 했지.

"이교도의 재물을 빼앗는 건 죄가 아니라고 하던데."

"맞아. 예루살렘까지 오느라 돈도 많이 썼는데 이렇게라도 한몫 단단히 챙겨야지."

종교에 대한 믿음으로 시작한 원정은 시간이 지나면서 잔혹한 학살과 약탈로 이어졌어.

한편 공격을 받은 이슬람 세력도 가만히 당하고만 있을 리 없었지. 이슬람 군대가 본격적으로 반격을 펼치자, 십자군은 얼마 지나지 않아 예루살렘을 빼앗기고 말았어. 교황은 예루살렘을 되찾아야

한다며 다시 사람들을 부추겼지. 그다음 교황도 마찬가지였어. 그렇게 십자군은 무려 200년 동안 총 8번에 걸쳐 대규모 원정을 떠났지. 하지만 결과는 초라했어.

"사람은 사람대로 죽고, 돈은 돈대로 쓰고 말이야. 십자군에 참가해서 얻은 게 대체 뭐람?"

"그러게 말이야. 교황님 말씀이라고 다 옳은 건 아닌가 봐."

원정이 번번이 실패로 끝나니 교황의 말에 의심을 품는 사람들이 많아졌어. 이때가 기회다 싶어 여러 왕들도 교회를 자기들 손아귀에 넣으려고 했지.

"그동안 교황이 무서워서 교회에 세금도 못 거뒀는데. 이제 교회도 세금을 거둬야겠어!"

이 소식을 들은 교황은 노발대발했어.

"감히 성스러운 교회에 세금을 거두려 하다니! 그 명령을 거두지 않으면 교회에서 파문시킬 테다!"

하지만 이제 왕들은 교황의 말에 겁먹지 않았어. 심지어 프랑스의 왕은 교황을 납치하고 자신의 입맛에 맞는 성직자를 교황의 자리에 앉히기까지 했지. 한때 황제까지 무릎 꿇게 했던 교황이 십자군 원정의 실패로 인해 몸을 사려야 하는 신세가 되고 만 거야.

용선생의 한 줄 정리

교황이 십자군을 일으켰지만, 원정이 실패로 끝나면서 교황의 권위가 떨어졌어.

교과서에 나오는 중요한 내용을 정리했어!

수재의 세계사 노트

봉건 사회의 형성	프랑크 왕국의 발전	① 프랑크 왕국의 카롤루스 대제가 서유럽 땅 대부분을 차지하고 정복한 땅에 크리스트교를 전파 ② 카롤루스 대제가 교황으로부터 서로마 황제의 관을 받음(800년)
	봉건제의 성립	① 왕이 기사에게 땅을 주고, 기사는 왕에게 충성을 바치는 봉건제가 성립 ② 땅을 받은 기사는 영주가 되어 장원을 통치 ③ 영주는 농노를 보호해 주고, 농노는 영주의 명령에 따름
크리스트교 세계	가톨릭 교회	① 크리스트교의 영향력이 커지면서 교황의 힘이 커짐 ② 성직자 임명권을 두고 황제와 교황이 대립했으나, 황제가 교황에게 굴복(카노사의 굴욕, 1077년)
	비잔티움 제국의 성장	① 성상 파괴령(726년)을 계기로 크리스트교가 교황이 이끄는 가톨릭과 비잔티움 제국이 이끄는 정교회로 나뉨 ② 비잔티움 제국의 수도 콘스탄티노폴리스는 무역을 통해 번영을 누림 ③ 이슬람 세력의 공격을 막아 서유럽의 방패 역할을 함
크리스트교 세계의 변화	십자군 전쟁	① 크리스트교의 성지인 예루살렘을 되찾기 위한 십자군 전쟁을 일으킴(1096년) ② 원정의 실패로 교황의 권위가 떨어짐

세계사 능력 시험

01 빈칸에 들어갈 내용으로 알맞은 것은 무엇일까? ( )

> **수행평가**
>
> **과제** 프랑크 왕국에 대해 조사해 조별로 발표한다.
> **발표 주제**
> - 1조: 크리스트교를 받아들인 프랑크 왕국
> - 2조: 이슬람군을 물리친 카롤루스 마르텔
> - 3조: _____

① 페르시아 전쟁에서 승리한 프랑크 왕국
② 프랑크 왕국이 세운 도시 알렉산드리아
③ 게르만족의 침입으로 멸망한 프랑크 왕국
④ 서유럽 대부분의 땅을 정복한 프랑크 왕국

02 빈칸에 공통으로 들어갈 인물로 알맞은 것은 무엇일까? ( )

이 그림은 교황이 프랑크 왕국의 2대 왕인 _____를 서로마 황제로 임명한 것을 그린 그림이에요. _____는 크리스트교를 전파하는 데 앞장섰어요.

① 알렉산드로스 ② 옥타비아누스
③ 카롤루스 대제 ④ 콘스탄티누스 대제

✓ 시험에 잘 나와!

03 유럽의 봉건제에 대한 설명으로 알맞지 <u>않은</u> 것은 무엇일까? ( )

① 모든 기사들은 왕과 친인척 관계였어요.
② 영주는 자신의 땅에서 왕이나 마찬가지였어요.
③ 기사는 땅을 받은 대가로 왕에게 충성을 다했어요.
④ 왕 밑에 공작 등 큰 귀족이 있고, 그 아래에 낮은 작위의 기사들이 있었어요.

04 다음 가상 일기가 쓰였던 시대에 대한 설명으로 알맞지 <u>않은</u> 것은 무엇일까? ( )

> 10△△년 △△월 △△일
>
> **제목: 고달픈 하루**
>
> 오늘은 해가 뜨기 전에 집을 나섰다. 영주님 땅에서 일하는 날이기 때문이다. 우리는 영주님 땅에서 농사짓고 살아가는 대가로 주 3일 이상 영주님 땅을 일궈야만 한다.

① 장원의 농민들은 대부분 농노였어요.
② 영주는 외적으로부터 농노를 보호했어요.
③ 영주는 농노로부터 각종 세금을 거뒀어요.
④ 농노는 영주의 허락 없이 언제든 장원을 떠날 수 있었어요.

05 다음 교사의 질문에 대한 학생의 답변으로 가장 적절한 것은 무엇일까? (   )

그림은 파문 당한 황제 하인리히 4세가 한 지역의 성주에게 교황과의 화해를 도와달라고 요청한 사건을 그렸습니다. 이 사건이 일어난 시대의 모습은 어땠을까요?

① 크리스트교 박해가 심해졌어요.
② 교황이 막강한 권력을 휘둘렀어요.
③ 전쟁의 실패로 교황의 권위가 떨어졌어요.
④ 콘스탄티누스가 크리스트교를 인정해 주었어요.

06 다음 사건의 결과로 일어난 일로 알맞은 것은 무엇일까? (   )

세계사 신문

"비잔티움 황제, 성상 파괴령 명령"
비잔티움 황제가 교황에게 성상을 모두 부수라고 지시했다. 이에 교황이 명령을 거절했다고 알려지면서 앞으로의 귀추가 주목되고 있다.

① 게르만족이 크리스트교를 거부했어요.
② 서유럽 사람들이 정교회를 믿게 되었어요.
③ 크리스트교가 가톨릭과 정교회로 나뉘었어요.
④ 교황이 비잔티움 제국의 명령을 따라 성상을 파괴했어요.

07 ㉠에 들어갈 내용으로 알맞은 것은 무엇일까? (   )

튀르키예 대표 관광지: 성 소피아 대성당

오늘날 튀르키예를 대표하는 건축물이에요. 수도 이스탄불에 있어요. 이스탄불의 옛 이름은 _____㉠_____ 로, 비잔티움 제국의 수도이자, 유럽과 아시아의 길목에 위치하고 있었어요.

① 메카
② 예루살렘
③ 카르타고
④ 콘스탄티노폴리스

08 다음 지도의 십자군 원정의 결과로 나타난 변화로 알맞은 것은 무엇일까? (   )

① 봉건제가 생겨났어요.
② 교황의 권위가 떨어졌어요.
③ 기사의 권력이 강해졌어요.
④ 동서간의 교류가 단절되었어요.

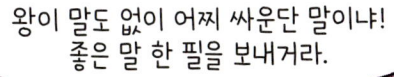

유럽 기사의 칭송을 받은 살라딘

제1차 십자군 전쟁으로 유럽의 십자군이 예루살렘을 차지했어. 살라딘은 예루살렘을 되찾기 위해 십자군과 전쟁을 벌였지. 리처드가 적은 병력으로 살라딘에 맞서 싸우긴 했지만, 최후의 승자는 살라딘이었어. 살라딘은 리처드와 평화 조약을 맺어 예루살렘을 찾는 크리스트교를 막지 않겠다고 했어. 유럽의 기사들마저도 살라딘을 '진정한 기사'로 칭송했지.

1. 유라시아 대륙을 지배한 몽골 제국
2. 중국 문화의 절정, 명나라와 청나라
3. 인도와 서아시아의 화려한 제국들
4. 유럽이 새로운 세상에 눈을 뜨다

1 유라시아 대륙을 지배한 몽골 제국

칼보다 강한 붓, 문치주의

중국을 넘어 중앙아시아의 초원 지대까지 호령하던 대제국 당나라는 절도사의 반란으로 무너지고 말았어. 그리고 또다시 여러 개의 나라가 세워지고 망하며 혼란이 계속되었지. 이 혼란을 잠재운 것은 **송나라**였어.

960년, 송나라를 세운 태조는 신하들의 만세 소리를 들으며 자리에 앉았어. 신하들은 태조가 어떤 명령을 내릴지 궁금해하고 있었지.

"앞으로 무관이 아닌 문관들을 중심으로 나라를 이끌 것이오!"

그 말은 전쟁에서 공을 세운 **무관** 신하들을 내쫓겠다는 소리나 마찬가지였어. 신하들은 청천벽력 같은 소리에 크게 놀라 태조를 바라봤지. 그도 그럴 게 송나라 태조가 무관인 절도사 출신이었거든. 그래서 무관들의 지위가 더욱 높아지지 않을까 생각했는데, 오히려 정반대의 말을 하니까 말이야.

송나라 태조는 당나라가 망하고 중국이 혼란스러워졌던 이유가 무관인 절도사들이 지나치게 강한 권력을 가지고 있었기 때문이라고 생각했어. 절도사 제도는 지방의 장군에게 병사들을 모으고 세금을 거둘 권리까지 주어 국경을 지키게 한 제도였지. 덕분에 외적의 침입은 어느 정도 막을 수 있었지만, 혹여 절도사가 다른 마음을 품으면 나라에 더 큰 위협이 될 수 있었던 거야.

절도사였던 송나라 태조는 자신이 부하들과 반란을 일으켜 왕 자리를 차지했던 때를 떠올렸어.

송 태조
(927년~976년)
송나라의 첫 번째 황제야. 문치주의로 나라를 다스렸어.

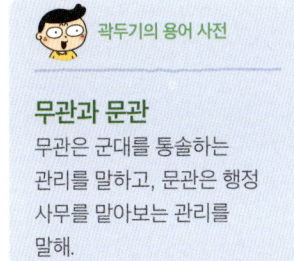

곽두기의 용어 사전

무관과 문관
무관은 군대를 통솔하는 관리를 말하고, 문관은 행정 사무를 맡아보는 관리를 말해.

송나라의 영역

"누군가 나처럼 반란을 일으키고, 나를 쫓아내면 어쩌지?"

태조는 또 다른 장군이 힘을 길러 자신처럼 반란을 일으킬 수도 있다고 생각했지. 그래서 그 싹을 자르려고 한 거야.

장군들의 권력을 빼앗은 송나라 태조는 그 자리를 문관들로 채웠어. 송나라에서 실시한 문관 중심의 정치를 **문치주의**라고 해. 이제 송나라에는 많은 수의 문관이 필요해졌지. 송나라 태조는 **과거시험**을 크게 정비해서 문관들을 뽑았어.

"과거시험은 나라를 이끌어 갈 인재를 뽑는 시험이다. 가진 능력이 중요하니, 가문에 상관없이 응시할 수 있도록 하라!"

과거시험은 수나라와 당나라도 실시했던 제도였어. 하지만 이전의 과거시험은 출신 가문이 중요했기 때문에 높은 귀족 출신이 아니면 고위 관리가 되는 것은 꿈도 꿀 수 없었지. 하지만 송나라에서는 천민만 아니라면 누구나 과거시험을 볼 수 있고, 능력에 따라 높은 관직에도 오를 수 있었어.

그뿐만이 아니었어. 과거시험은 여러 번의 시험을 거쳐 최종 합격자를 선발했거든. 그런데 그 마지막 단계에서는 황제가 직접 시험 감독관을 한 거야.

"매우 훌륭한 답안이군. 이 사람에게 1등을 줘야겠어."

송나라 태조는 직접 시험장에 나와 수험생들의 답안지를 살펴보고 등수를 발표했지.

당시에는 과거시험의 감독관과 응시자를 스승과 제자의 관계처럼 생각했어. 그

▲ 황제 앞에서 과거시험을 치르는 응시자들

런데 그 감독관이 바로 황제였던 거야! 황제가 스승이 된다니 정말 영광이었겠지?

"시골에서 공부만 하던 내가 황제 폐하 앞에 서게 된 것만 해도 영광인데, 내 이름까지 직접 불러 주시다니!"

"나의 재능을 알아봐 주신 황제 폐하께 충성을 다할 거야!"

이렇게 유학을 공부해 과거시험을 치러 관리가 된 사람들을 **사대부**라고 해. 당나라 때 귀족들은 가문을 통해 지위를 대물림했거든. 그래서 황제에게 목숨 바쳐 충성한다는 생각이나, 열심히 공부해야 한다는 생각은 거의 없었지. 그만큼 공부를 하거나 능력이 있다는 게 출세하는 데는 별로 상관이 없었던 거야.

그런데 송나라 태조가 문치주의로 나라를 다스리면서 분위기가 바뀌었어. 사대부들은 자신의 실력을 알아보고 관직에 임명해 준 황제를 위해 충성을 바쳤고, 유학을 열심히 공부했기에 나랏일에 누구보다도 열심이었지. '황제에게 충성을 바치는 사대부들을 통해 나라를 다스린다' 이것이 송나라 태조가 꿈꾼 새 나라의 모습이었어.

> **세계사 속 한국사**
>
> **한국사에서도 나오는 '사대부'**
>
> 고려 말 유학을 공부하고 과거시험을 통해 관리로 진출한 사람들을 '신진사대부'라고 해. 송나라 때 등장한 사대부들과 비슷한 성격의 사람들이지.

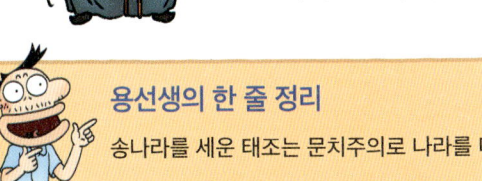

용선생의 한 줄 정리

송나라를 세운 태조는 문치주의로 나라를 다스렸어.

불이 꺼지지 않는 도시, 카이펑

카이펑과 강남의 위치

영차! 강변의 나루터에서는 상인들이 쌀가마니를 배에서 내리느라 바삐 움직였어.

"이게 1년에 두 번이나 수확한다는 강남의 쌀이구나!"

우리나라에서 한강의 남쪽을 강남이라고 하듯이, 중국에서는 양쯔강의 남쪽을 **강남**이라고 해. 이 지역은 물이 풍부하고 날씨가 따뜻해 쌀농사를 짓기에 적합했지. 그런데 송나라 때 이 강남 지역이 본격적으로 개발되어서 쌀 생산이 폭발적으로 늘어난 거야.

강남의 쌀은 전국으로 운반되었고, 쌀이 모이는 곳에는 시장이 생겨났어. 이렇게 농업과 상업이 발달하면서 송나라의 인구와 경제가 크게 성장했지. 특히 송나라의 수도였던 **카이펑**은 상업의 중심지로, 밤에도 불이 꺼지지 않고 **불야성**을 이룰 정도였어.

"자, 쌉니다 싸요! 강남에서 가져온 맛있는 쌀, 아름다운 도자기, 부드러운 비단, 향기로운 차까지 없는 게 없답니다! 모두 와서 구경하세요!"

카이펑은 전 세계에서 온 상인들로 북적거렸어. 다양한 음식점, 상인들이 묵을 수 있는 여관, 세상의 온갖 물건을 파는 상점들이 가득했지. 당나라 때 수도 장안도 외국인들이 많이 드나들었지만, 시장만큼은 카이펑이 더 크고 화려했어.

카이펑의 상점 중에서는 책을 파는 서점도 많았어. 책장 한가득 꽂혀 있는 책들을 보곤 외국 상인의 눈이 휘둥그레졌지.

"아니, 이렇게 많은 책을 다 베껴 쓴 거요?"

곽두기의 용어 사전

불야성
불이 밝게 켜져 있어서 밤에도 대낮같이 밝은 곳을 말해. 카이펑이 그 정도로 화려했다는 말이야.

"그럴 리가요. 나무판에 거꾸로 글씨를 새겨 도장 찍듯 찍어 내면 순식간에 여러 권의 책을 만들 수 있지요. 하하하!"

서양에서는 아직 손으로 책을 베껴 쓰던 시대였거든. 그래서 책값이 무척 비쌌어. 하지만 송나라를 비롯한 동아시아에는 **인쇄술**이 발달해 수많은 책이 인쇄되고 있었지.

"이 바늘 달린 요상한 물건은 무엇이오?"

신기한 물건이 외국 상인의 눈에 또 들어왔어.

"아, 그것은 **나침반**이라는 건데, 방향을 알려주는 물건이오. 어디에 있든 북쪽을 알려준다오."

송나라에서는 이처럼 경제뿐만 아니라 과학 기술도 발달했어. 인쇄술이나 나침반은 송나라의 대표적인 발명품이었지.

밤이 찾아오자 하늘에서 불꽃놀이가 시작되었어. 송나라에서는 **화약**도 만들어 썼는데, 불꽃놀이는 물론 무기에도 화약을 사용하기 시작했지. 어두운 밤에도 카이펑의 시장은 불이 꺼질 줄을 몰랐어.

송나라의 과학 기술

인쇄술

나침반

화약

용선생의 한 줄 정리
송나라 때는 경제가 크게 성장했고, 수도 카이펑은 상업의 중심지가 되었어.

▼ 청명상하도
카이펑의 모습을 그린 그림이야. 전체 길이가 무려 5미터가 넘는 작품이지. 당시 송나라 사람들의 모습을 실감 나게 표현했어.

돈으로 평화를 살 수 있을까?

경제 성장으로 풍요로워진 송나라도 큰 고민거리가 있었어. 문관들로만 나라를 다스리니, 군사력이 약해질 대로 약해졌다는 것이었지.

송나라의 군사력이 약해지자, 북쪽의 여러 민족이 성장해 송나라를 위협하기 시작했어. 특히 거란족이 세운 **요나라**는 송나라를 벼랑 끝으로 내몰았지.

"만리장성을 넘어 송나라로 진격하라!"

요나라는 거침없이 송나라로 밀고 내려왔어. 송나라는 요나라를 막아낼 힘이 없었지.

"싸우지 말고 말로 해결합시다."

송나라는 거란에게 평화 조약을 맺자며 제안했어. 송과 거란이 형과 동생의 나라가 되어 친하게 지낸다는 내용이었지. 그런데 조약을 하나하나 따지니, 송나라가 해마다 막대한 양의 은과 비단을 거란에 바친다는 약속이었어. 결국 돈으로 전쟁을 막은 셈이지.

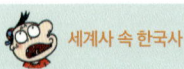

거란과 고려의 전쟁

거란은 몇 차례에 걸쳐 고려에도 쳐들어왔어. 1차 침입 때는 서희의 담판으로 강동 6주를 얻었고, 3차 침입 때 강감찬이 귀주에서 거란군을 물리친 이후로는 평화가 계속되었지. 그런데 금나라가 성장하면서 다시 국제 정세가 변한 거야.

우선은 위기를 넘겼지만 매년 많은 돈을 바치다 보니 송나라의 경제도 휘청거리기 시작했어. 골머리를 앓던 송나라의 황제는 고민 끝에 요나라 동쪽에 있던 여진족의 금나라에 사신을 보냈어. 힘을 합쳐 요나라를 공격하면 나중에 두둑이 사례를 하겠다고 말이야.

송나라는 금나라의 도움을 받아 요나라를 멸망시키는 데 성공했어. 그런데 요나라가 무너지자 송나라는 돌연 태도를 바꾸었지. 금나라에 사례로 주기로 한 돈이 아까웠던 거야. 송나라는 망한 요나라 사람들을 부추겨 금나라와 싸우게까지 했어.

금나라 황제는 화가 머리끝까지 났어.

"송나라는 약속이 무엇인지 모르는 나라로구나. 나라 사이의 약속은 어떻게 지켜야 하는 것인지 힘으로 보여줘야겠군!"

금나라의 군대는 순식간에 송나라의 북쪽 지역을 차지하고 수도 카이펑을 포위했어. 금나라의 공격에 송나라는 힘없이 무너지고 말았지. 송나라의 황제, 수많은 귀족과 신하들이 금나라에 포로로 끌려갔어. 카이펑을 포함한 송나라 북쪽의 넓은 땅도 금나라의 차지가 되었지.

"이랴! 어떻게든 살아남아야 한다. 남쪽으로 가자!"

난리 속에서 살아남은 황제의 친척 한 명이 강남 지역으로 도망쳐 스스로 황제가 되어 송나라를 이어 갔어. 1127년에 세워진 이 나라를 남쪽의 송나라라는 뜻으로 남송이라고 불러.

용선생의 한 줄 정리
금나라가 송나라를 공격해 중국 북쪽을 차지하고, 남쪽에는 남송이 세워졌어.

몽골 제국이 만들어지다

칭기즈 칸
(1162년~1227년)
원래 이름은 '테무친'이야. 여러 부족으로 흩어져 있던 몽골 부족을 통일하고, 칭기즈 칸으로 추대되었어.

 곽두기의 용어 사전

산전수전
산에서도 싸우고 물에서도 싸웠다는 말이야. 온갖 어려움을 다 겪었다는 뜻이지.

중국에서 송나라와 여러 민족이 다투고 있을 때 **몽골** 초원에는 이렇다 할 큰 나라가 없었어. 유목 생활을 하는 몽골인들은 말과 양을 키우며 부족 단위로 이동하면서 살았기 때문에 한 나라를 이루기 어려웠던 거야.

작은 부족의 부족장이었던 **테무친**은 큰 꿈을 갖고 있었어. 어린 나이에 아버지를 잃고 죽을 고생을 했지만, 언젠가는 몽골 초원 전체를 통일하겠다는 야심을 품고 있었지.

물론 절대 쉬운 일이 아니었어. 부인이 다른 부족에 납치되기도 하고, 의형제가 배신하는 바람에 서로의 목숨을 노리고 싸우기도 했지. 테무친은 어렸을 때부터 **산전수전** 다 겪었지만, 끝끝내 어려움을 극복하며 세력을 키워 나갔어.

테무친은 세력을 키우기 위해 출신 부족에 상관없이 능력 있는 부하를 받아들였어. 또 전쟁에서 얻은 전리품은 부하들에게 공평하게 나눠줬지. 덕분에 그에게 목숨 바쳐 충성하는 부하들이 점점 늘어났어.

"테무친님을 위해서라면 목숨 바쳐 싸울 거야."

"맞아! 테무친님은 언젠가 몽골 전체를 통일하실 분이라니까!"

마침내 테무친은 몽골 초원의 모든 부족을 발아래 두었어. 여러 부족은 한자리에 모여 회의를 했지. 그리고 이 자리에서 테무친을 몽골 부족 전체의 지도자로 인정하고 그에게 ★교과서 핵심어 '**칭기즈 칸**'이라는 칭호를 주었어(1206년). '칸'은 돌궐족이 당나라 태종에게 바친 '가한'과 같은 말로, 유목민들의 우두머리를 뜻해. 그리고 '칭기즈 칸'은 '세계를 지배하는 자'라는 뜻이라고 해.

"몽골을 통일하는 것은 시작에 불과하다. 우리는 더 큰 꿈을 꿀 것이다!"

칭기즈 칸은 몽골 초원을 넘어 더 넓은 영토를 원했지. 몽골군은 가까운 서하부터 시작해 금나라, 서요까지 파죽지세로 밀려들었어.

몽골 주변의 여러 나라

몽골군의 가장 무서운 점은 이동 속도였어. 몽골의 기병은 다른 나라의 군대에 비해 몇 배나 더 빨리 움직였지. 몽골군이 쳐들어온다는 소식이 들려올 때쯤에는 이미 늦은 경우가 많았어.

"달리는 말 위에서 잠도 잔다는데, 몽골 기병을 어찌 이겨낸담!"

몽골군은 승리를 위해 잔인한 짓도 서슴지 않았어. 항복하면 목숨을 살려 주었지만, 전쟁을 택할 경우에는 잔인한 학살이 뒤따랐지. 몽골군에 대한 악랄한 소문에 주변 여러 나라들이 벌벌 떨었지.

"내가 죽은 뒤에도 정복을 멈추지 말거라."

1227년 칭기즈 칸은 아시아 대륙의 초원 지대를 모두 차지하고 세상을 떠났어. 그가 몽골을 통일하고 칸의 자리에 오른 지 20여 년 만의 일이었지.

용선생의 한 줄 정리
칭기즈 칸은 몽골 부족을 통일하고, 아시아의 초원 지대를 모두 차지했어.

유라시아 대륙을 지배하다

곽두기의 용어 사전

유라시아
유럽과 아시아를 합쳐서 부르는 말이야. 유럽과 아시아는 땅이 연결되어 있기 때문에 둘을 합쳐서 유라시아로 부를 때도 많아.

칭기즈 칸의 후예들은 정복 전쟁을 멈추지 않았어. 동쪽으로는 고려부터 서쪽으로는 동유럽에 이르기까지 **유라시아** 대륙 전체에 몽골군의 말발굽 소리가 들렸지.

"하하! 저 야만인들이 타고 온 말을 봐."

"애걔? 저게 말이냐! 당나귀 아냐?"

유럽 기사들은 처음에 몽골인들이 탄 말을 보고 크게 비웃었어. 몽골인들이 탄 말은 서양 말에 비해 체구가 작고 볼품없었거든. 하지만 기사들은 곧 자신들이 몽골인을 얕본 것을 후회하게 됐지.

몽골의 말은 하루종일 싸워도 지칠 줄을 몰랐어. 게다가 몽골 병사의 기마술은 거의 서커스를 보는 것 같았지. 말을 타고 뒤로 돌아보며 활을 쏘기도 하고, 창으로 찌르려고 하면 말의 등이 아니라 배로 후다닥 옮겨가기도 했어. 무거운 갑옷을 입은 기사들이 도저히 따라갈 수가 없는 상대였지. 무시무시한 기병을 앞세운 몽골 제국은 러시아와 동유럽, 페르시아와 서아시아까지 손에 넣었어.

하지만 그런 몽골 제국에게도 쉽지 않은 상대가 있었어. 그건 바로 중국의 남송이었어. 남송은 큰 성을 지어 몽골군에 맞섰는데, 몽골군의 자랑인 기마병도 남송의 큰 성 앞에서는 무용지물이었지.

쿠빌라이 칸
(1215년~1294년)
몽골 제국 제5대 칸이야. 남송을 정복해 중국 전체를 손에 넣었지.

남송 정복에는 칭기즈 칸의 손자인 **쿠빌라이 칸**이 앞장섰어.

"서역의 기술자들을 데려와라. 성을 부술 무기를 만들어야겠다!"

몽골군은 서역 기술자들이 새롭게 만든 투석기

▲ 쿠빌라이 칸과 부하들

로 남송의 성벽을 파괴했어. 성벽을 부순 몽골군은 마침내 성안으로 쏟아져 들어갔고, 그렇게 남송마저 몽골 제국의 손아귀에 들어오게 되었지. 몽골 제국은 유라시아 대륙 전체에 걸친, 인류 역사상 가장 거대한 제국이 되었어!

남송을 정복한 뒤에 쿠빌라이 칸은 나라 이름을 **원나라**로 바꾸고 스스로 황제의 자리에 올랐어. 그리고 중국 이외의 중앙아시아, 서아시아, 동유럽 지역의 땅은 다른 친척에게 나누어 다스리게 했지. 각 나라는 '칸국' 또는 '한국'이라고 불렀어. 몽골 제국은 중국의 원나라와 몇 개의 칸국으로 이루어진 거야.

쿠빌라이 칸은 나라를 다스리는 데 **색목인**이라 불리는 서역 사람들을 많이 등용했어. 몽골인들은 말 타고 싸우는 데는 능숙했지만 큰 나라를 다스리는 데는 서툴렀거든. 반면, 색목인들은 세금을 거두는 등 행정 업무를 처리하는 데 능숙했지. 최고 높은 자리에는 몽골인들이 있고, 그 아래 행정을 보는 일은 색목인들이 도왔어.

점차 원나라는 안정적으로 운영되었고, 서역과의 교류도 더욱 활발해질 수 있었지. 몽골 제국이 전성기를 맞이한 거야.

> **질문 있어요!**
>
> **색목인이 무슨 뜻이에요?**
>
> '빛 색(色)', '눈 목(目)' 자를 써서 눈동자 색이 푸른 사람들을 말해. 주로 중앙아시아와 서아시아의 페르시아인, 아랍인, 튀르키예인이었어.

 **용선생의 한 줄 정리**
몽골 제국은 유라시아 대륙에 걸친 인류 역사상 가장 거대한 제국이 되었어.

더욱 활발해진 동서 교류

"워, 여행자는 말을 멈추고 통행증을 제시하시오!"

원나라 역참의 관리가 이슬람 상인의 말을 멈추어 세웠어.

"여기 있습니다."

"대도까지 가시는군요. 편히 쉬다 가시오."

원나라가 유라시아 대륙을 지배한 이후 대륙의 동서를 가로질러 여행을 하는 사람들이 부쩍 많아졌어. 예전 같으면 그렇게 먼 거리를 이동하는 것은 굉장히 위험한 일이었지. 비단길이 있긴 했지만 전쟁에 휘말리거나, 도적 떼를 만날 수도 있었거든. 하지만 원나라가 들어서고 나서는 동서를 가로막는 국경들도 없어지고 도적 떼도 사라졌어.

▲ 원나라의 패자

이런 패자(증명서)를 가지고 있으면 원나라의 역참을 이용할 수 있었어.

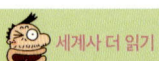

중국의 정치 중심지, 베이징

원나라의 수도인 대도는 지금의 베이징 지역이야. 원나라가 수도로 정한 이후로 명나라와 청나라, 지금의 중국까지 베이징을 수도로 삼았어. 경제 중심지는 남쪽의 상하이지만, 정치 중심지는 여전히 베이징이란다.

"원나라로 가는 길은 머리에 황금을 이고 가도 안전하다더니, 과연 도적이라고는 눈을 씻고 찾아봐도 없구나."

강력한 몽골군이 안전을 보장해 준 덕분에 사람들은 동서양을 안전하게 왔다 갔다 할 수 있게 되었어. 특히 원나라는 주요 교통로에 역참을 설치했는데, 통행증을 가진 사람이라면 누구나 쉬거나 말을 갈아탈 수 있어서 여행자나 상인들에게 꼭 필요한 시설이었지.

원나라 수도인 대도에 들어선 상인은 놀라운 광경을 보게 되었어.

"세상 모든 나라의 사람들이 원나라의 대도로 몰린다더니 그 소문이 사실이구나."

대도에 들어오니 여기가 중국 땅이 맞나 의심이 들 정도였어. 각국에서 온 사람들로 가득해서 몽골인은 물론 중국인, 고려인, 이슬람 상인들과 유럽 사람들까지 세상 모든 나라의 사람들이 다 모인 것 같았거든.

190

원나라 때는 역참이 있는 초원길이나 사막길뿐만 아니라 **바닷길**을 통해서도 수많은 물건과 사람들이 원나라를 드나들었어. 원나라의 바닷길은 동남아시아와 인도를 거쳐 서아시아까지 이어져 있었지. 이 길들을 통해 저 멀리 유럽 사람들까지 드나들었던 거야.

"우선 안전하게 목적지에 도착했으니 감사의 기도를 먼저 드려야겠군. 대도에도 이슬람 사원이 있다던데…."

그때 두리번거리는 이슬람 상인을 향해 몽골인으로 보이는 사람이 말을 걸어왔어.

"당신에게 평화가 깃들기를. 혹시 무언가 도와드릴까요?"

몽골인의 유창한 아랍어에 이슬람 상인은 깜짝 놀랐어.

"이슬람 사원을 찾고 있습니다만, 아랍어가 유창하시군요."

"하하, 원나라에는 외국 분들이 워낙 많이 찾아오셔서요. 외국어를 번역하고 공부하는 것이 인기랍니다."

원나라에는 외국어 회화 교재도 많고, 외국인을 위한 몽골어 교재도 많았어. 이슬람 상인도 여러 나라를 다녀봤지만, 이곳처럼 많은 나라의 사람들이 어울려 지내는 곳은 처음이었지.

원나라를 방문한 이탈리아 상인, 마르코 폴로

이탈리아의 상인 마르코 폴로는 쿠빌라이 칸이 다스릴 때 원나라를 방문했어. 그리고 쿠빌라이 칸에게 인정을 받아 제국 곳곳을 여행할 기회도 가졌지. 그가 보고 들은 이야기는 『동방견문록』이라는 책으로 남았어. 당시 유럽 사람들은 동아시아에 대한 정보가 없었기 때문에 『동방견문록』은 사람들의 많은 호기심을 불러일으키며 선풍적인 인기를 끌게 되었지.

▲ 마르코 폴로의 『동방견문록』에 실린 원나라 항구 도시의 모습

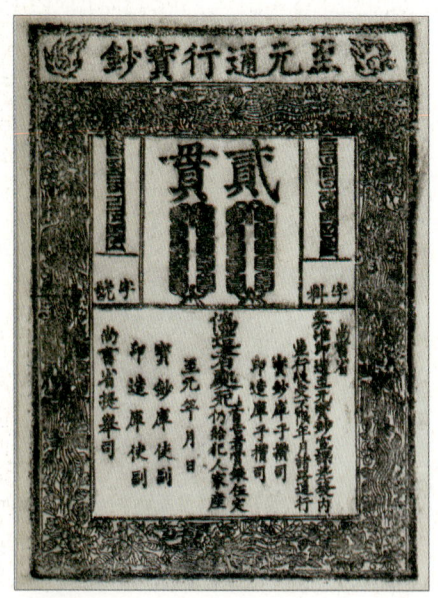

▲ 교초
원나라의 지폐야. 지폐는 그 이전부터 있었지만 원나라 때부터 본격적으로 쓰기 시작했지.

이슬람 사원에서 예배를 드리고 나와 숙소로 향하는 길에는 다양한 물건을 사고파는 사람들로 북적였어. 몽골의 양털로 만든 인형도 있었지. 집에 돌아가 아이에게 줄 선물로 양털 인형을 고른 상인은 품속에서 종이 한 장을 꺼내 주인에게 건넸어. 원나라의 지폐인 교초였지.

아직 당시 사람들에게 종이돈이라는 건 낯선 물건이었어. 보통 금이나 은과 같은 귀금속으로 돈을 만드는 일이 많았지. 종이돈은 위조하기도 쉽고 값을 보장 받기가 어려웠거든. 하지만 세계 제국인 원나라가 보장한다고 하니 사람들이 여기저기 쓰기 시작한 거야. 교초는 원나라뿐만 아니라 그 주변 나라에까지 널리 쓰였어.

이슬람 상인은 북적거리는 사람들을 보며 중얼거렸어.

"국경이 사라지고 사람들은 자유롭게 왕래하고 있어. 다양한 말을 하는 사람들이 모여 각자의 종교 사원에 가서 예배를 드리고 말이야. 그러면서 같은 돈으로 언제든 물건도 사고팔 수 있지. 그야말로 세계가 하나가 된 것이군!"

거대한 세계 제국 몽골의 지배 아래, 세계 여러 나라 사람들이 안전하고 평화롭게 교류하던 이 시기를 '몽골의 평화'라고 불러. 14세기까지 '세계 제국'이라는 말이 가장 어울리는 나라가 바로 몽골 제국이었던 거야.

용선생의 한 줄 정리
'몽골의 평화'로 동서 교류가 더욱 활발해졌어.

수재의 세계사 노트

송나라	송나라의 정치	① 중국을 재통일하고 문관 중심의 문치주의 정책을 펼침(960년) ② 유학을 공부하고 과거시험을 치러 관리가 된 사대부 등장
	송나라의 경제와 문화	① 수도 카이펑이 상업의 중심지로 크게 성장 ② 인쇄술이 발달하고 나침반, 화약 등을 발명

북방 민족의 성장	거란족의 성장	① 거란족이 요나라 건국 ② 송나라가 요나라에 막대한 은과 비단을 바쳐 평화를 유지
	여진족의 성장	① 여진족이 금나라를 건국 ② 송나라를 남쪽으로 쫓아내고 중국 북쪽 지역을 차지(1127년)

몽골 제국	몽골 제국의 탄생	① 테무친이 몽골 부족을 통일하고 칭기즈 칸으로 추대(1206년) ② 초원 지대와 러시아, 동유럽, 서아시아를 아우르는 대제국 건설
	원나라의 정치	① 쿠빌라이 칸이 남송을 정복하고 나라 이름을 원나라로 바꿈(1279년) ② 행정 실무에 서역 사람인 색목인을 적극 등용
	원나라의 동서 교류	① 주요 교통로에 역참을 설치해 동서 교류가 활발해짐

세계사 능력 시험

01 빈칸에 들어갈 내용으로 알맞은 것은 무엇일까?
( )

① 봉건제를 실시했어요.
② 색목인을 등용했어요.
③ 민주 정치를 펼쳤어요.
④ 과거시험을 정비했어요.

02 (가)에 들어갈 내용으로 알맞은 것은 무엇일까?
( )

① 무사
② 제후
③ 사대부
④ 절도사

03 ㉠에 들어갈 나라에 대한 설명으로 알맞지 <u>않은</u> 것은 무엇일까? ( )

① 중국을 최초로 통일했어요.
② 카이펑이 상업의 중심지로 발전했어요.
③ 인쇄술이 발달해 많은 책이 만들어졌어요.
④ 중국 강남 지역을 본격적으로 개발했어요.

04 (가) 나라에 대한 설명으로 알맞은 것은 무엇일까?
( )

① 몽골족이 세웠어요.
② 비단길을 개척했어요.
③ 송나라를 남쪽으로 몰아냈어요.
④ 처음으로 황제 칭호를 사용했어요.

05 다음 인물이 한 일로 알맞은 것은 무엇일까? ( )

올해의 역사 인물
- 이름 테무친
- 국적 몽골 제국
- 주요 활동 1206년 칭기즈 칸으로 추대

① 대운하를 건설했어요.
② 만리장성을 쌓았어요.
③ 몽골 부족을 통일했어요.
④ 문치주의 정책을 펼쳤어요.

07 (가) 나라에 대한 설명으로 알맞은 것은 무엇일까? ( )

① 갑골 문자를 사용했어요.
② 안사의 난으로 쇠퇴했어요.
③ 원나라와 몇 개의 칸국으로 이루어졌어요.
④ 위진 남북조 시대를 끝내고 중국을 통일했어요.

✓ 시험에 잘 나와!
06 (가)에 들어갈 내용으로 알맞은 것은 무엇일까? ( )

세계사 신문

쿠빌라이 칸, 새로운 인재 등용의 포부를 밝혀!

쿠빌라이 칸이 원나라의 발전을 위해 서역 사람들인 ___(가)___ 을 많이 등용하기로 했다. 이같은 결정은 몽골인이 행정 업무에 익숙하지 않아 생긴 문제를 해결하기 위한 방법으로 보인다. 앞으로 이들은 원나라의 행정 실무를 담당할 것으로 예상된다.

① 고려인
② 색목인
③ 유대인
④ 아리아인

✓ 2017 대학수학능력시험 변형
08 (가)에 들어갈 내용으로 알맞은 것은 무엇일까? ( )

탐구 활동 계획서
- 탐구 주제: 중국 ○나라의 사회
- 탐구 활동
1모둠: 수도 대도의 이모저모
2모둠: 화폐 교초의 쓰임
3모둠: (가)

① 장건이 개척한 비단길
② 무역로에 설치된 역참의 성격
③ 중국의 남과 북을 연결한 대운하
④ 북쪽 유목 민족을 막기 위해 세운 만리장성

고난을 극복한 테무친

몽골족은 초원에서 여러 부족으로 나뉘어 있었어. 테무친은 작은 부족장의 아들이었지. 그런데 아버지가 독살을 당하자, 부족 사람들은 테무친과 그 가족을 돌봐주기는커녕 부족에서 쫓아내 버렸어. 테무친의 아버지와 경쟁 관계에 있던 사람이 새로운 지도자가 되어 가족에게 보복을 한 거야. 테무친은 어른이 되기까지 여러 차례 죽을 고비를 넘기고, 마침내 초원의 왕이 되었단다.

2 중국 문화의 절정, 명나라와 청나라

1368년	1405년	1592년	1616년	1689년
명나라 건국	정화의 항해 시작	임진왜란	누르하치, 후금 건국	청나라와 러시아의 국경 확정

원나라가 무너지고 명나라가 일어나다

"원나라의 지배 아래 더 이상 살 수가 없다. 몽골인들을 몰아내고 새로운 나라를 세우자!"

원나라 말기 백성들의 삶은 나날이 어려워졌어. 황제와 귀족들은 사치스러운 생활에 빠졌고, 신하들은 몰래 세금을 빼돌려 재산을 불리기 바빴지. 결국 참다못한 한족은 중국 곳곳에서 반란을 일으켰어. 부정부패를 일삼는 관리에 대한 불만과 한족을 차별하는 몽골인에 대한 불만이 합쳐져 일어난 반란이었지.

이때 반란에 앞장선 사람이 바로 주원장이었어. 주원장은 가난한 농민 집안의 막내아들로 태어났어. 가뭄과 전염병으로 부모님을 잃고 나서는 끼니도 때울 수 없어 절로 들어가 스님이 되었지. 스님이 되면 절밥이라도 먹을 수 있겠다는 생각이었지만 절도 형편이 어렵긴 마찬가지였어.

"언제까지 이렇게 썩어 빠진 세상에 살 수는 없다."

주원장은 홍건적의 난을 계기로 반란군에 가담했어. 홍건적의 난은 1350년대 양쯔강 일대를 중심으로 일어난 반란이야. 홍건적은 머리에 붉은 수건을 두르고 다녀서 '홍건적'이라고 불렸지. 전쟁에서 활약한 주원장은 금세 홍건적의 우두머리 가운데 한 명이 되었어. 하지만 전쟁이 길어지면서 반란군들은 새로운 세상을 만들겠다는 처음의 다짐은 잊고 서로 편을 나눠 싸우기 바빴지.

"내가 혼란을 잠재우고 새로운 세상을 만들어야겠어."

주원장
(1328년~1398년)
명나라의 첫 번째 황제야. 강력한 독재 정치를 펼쳤어. '홍무제'라고도 불러.

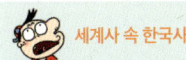 세계사 속 한국사

고려를 쳐들어온 홍건적?

홍건적은 여러 무리로 나뉘어 있었는데, 그중 일부가 공민왕 때 고려에 쳐들어왔어. 이때 공민왕은 안동까지 피란을 떠나기도 했지. 최영과 이성계 등이 활약하면서 이들을 물리쳤는데, 고려 말에 신흥 무인 세력이 성장하는 계기가 되기도 한 사건이야.

1368년, 주원장은 다른 반란군을 모두 물리치고 **명나라**를 세워 스스로 황제가 되었어. 그리고 원나라를 북쪽으로 몰아냈지. 원나라의 지배 아래 고통받던 백성들은 명나라와 주원장을 환영했어.

하지만 주원장의 마음속에 한 가지 꺼림칙한 게 있었어. 그건 바로 자신의 출신이 보잘것없다는 것이었지.

"가난한 거지 출신이라는 이유로 신하들이 나를 업신여길 수도 있다. 황제의 권력을 강하게 만들어 그 누구도 나에 대해 함부로 말하지 못하게 할 것이다."

주원장은 나랏일을 직접 처리하면서 신하들의 힘을 눌렀어. 또 조금이라도 황제 자리를 위협할 수 있겠다 싶으면 가차 없이 목숨을 빼앗았지.

"폐하! 억울합니다! 글자 하나 잘못 썼다고 반역이라니요!"

명나라를 함께 세운 신하나 장군들도 예외가 아니었어. 잔인한 일이지만 주원장은 신하들을 대규모로 **숙청**하고 황제를 중심으로 하는 독재 정치를 실시했어. 황제가 나라를 손에 움켜쥐고 있으니 나라가 어느 정도 안정되었지. 하지만 주원장이 죽자 명나라는 금세 다시 혼란스러워졌어.

> **곽두기의 용어 사전**
>
> **숙청**
> 정치적으로 반대파를 제거하는 것을 말해. 보통 독재 국가나 비밀 단체 등에서 쓰는 말이야.

용선생의 한 줄 정리
주원장이 세운 명나라가 원나라를 몰아내고 중국을 차지했어.

영락제의 정치와 정화의 항해

주원장의 첫째 아들이 일찍 죽었기 때문에, 주원장의 뒤를 이은 것은 그의 손자였어. 새 황제는 아직 어린 나이여서 황제 자리가 위태위태했지.

"힘없는 어린 조카가 명나라를 지킬 수 없다."

북쪽에서 군대를 끌고 와 황제를 쫓아내고 황제가 된 인물이 있었어. 주원장의 넷째 아들인 **영락제**였지. 살아생전 주원장은 몽골인들이 다시 침입할 것을 대비해 명나라의 북쪽 땅을 아들들에게 나누어 다스리게 했어. 주원장은 아들들이 조카인 황제를 도와 나라를 잘 지킬 거라 믿었는데, 그건 큰 오산이었던 거야.

황제가 된 영락제는 신하들을 불러 여러 가지 명령을 내렸어.

"지금의 수도는 너무 남쪽에 치우쳐 있다! 수도를 북쪽으로 옮겨라!"

영락제는 우선 수도를 난징에서 **베이징**으로 옮겼어. 베이징은 영락제가 황제가 되기 전부터 자신이 다스리던 곳이었기 때문에 영락제의 세력이 강한 곳이었지. 그래서 베이징으로 수도를 옮기면 나라를 다스리기에 훨씬 수월할 거라고 생각한 거야.

베이징으로 수도를 옮긴 영락제는 '자금성'이라는 거대한 궁궐도 지었어. 황제의 권력은 더 커졌고, 명나라는 영락제의 다스림 아래 평화를 되찾았어.

나라 안이 평화로워지자 영락제는 바깥으로 눈을 돌렸지.

"이번에 또 황제께서 몽골로 쳐들어간다고 하시더군?"

영락제
(1360년~1424년)
영락제는 조카인 건문제를 밀어내고 명나라의 황제가 되었어. 수도를 베이징으로 옮기고, 토성이었던 만리장성을 손봤지. 오늘날 우리가 알고 있는 만리장성은 명나라 때 다시 세운 거야.

난징과 베이징의 위치

영락제 때부터 명나라는 베이징을 수도로 삼았어.

정화
(1371년~1433년)
영락제가 황제로 즉위하기 전부터 장수로 많은 공을 세웠고, 서역에 대한 지리도 잘 알고 있었다고 해.

"벌써 다섯 번째야. 황제 폐하도 참 대단하시지."

영락제는 직접 군대를 이끌고 만리장성을 넘어 몽골 세력을 수차례 공격하기도 했어. 몽골만이 아니었어. 영락제는 만주와 베트남까지 군대를 보내 자신의 발아래 무릎 꿇렸지.

영락제는 더 넓은 세계에 자신과 명나라의 위엄을 널리 알리고 싶었어. 영락제는 신하 **정화**에게 명령했지.

"함대를 거느리고 바다로 나아가 이 세상 곳곳에 명나라의 위엄을 알리고 오너라."

황제의 명령을 받은 정화는 거대한 함대를 거느리고 바다로 나갔어. 동남아시아를 거쳐 인도와 서아시아, 아프리카에 이르는 긴 항해였지. 이때 정화가 몰고 간 배가 62척에 선원만 2만 8천 명이라고 해. 여태껏 본 적 없는 엄청난 규모의 함대를 본 나라들은 명나라의 위엄에 놀라 조공을 바쳤어.

"폐하, 30개가 넘는 나라에서 폐하께 선물을 보내왔습니다."

"오, 그래 잘했구나. 그런데 저기 저 목이 긴 건 무엇이냐."

▼ **자금성(중국 베이징)**
명나라와 청나라 때 궁궐로 사용했어. 동서 760미터, 남북 1,000미터에 이르는 웅장한 규모를 자랑해. 지금은 고궁 박물관으로 사용하고 있어.

배에 조공품을 가득 싣고 돌아온 정화는 영락제 앞에 한 번도 본 적 없는 짐승을 끌고 왔어.

"폐하, 저 멀리 서쪽 나라에서 폐하께 선물로 바친 짐승입니다. 생긴 것이 마치 전설 속의 동물 기린과 비슷한 듯합니다."

"기린? 그렇구나! 정말 기린이야. 하하하!"

기린이라는 동물은 원래 중국 전설에 나오는 동물이야. 실제 아프리카에 사는 기린은 전혀 관련이 없는 동물이었지. 명나라 사람들은 처음 보는 동물에 그 이름을 붙였고, 그 이름을 지금까지 쓰고 있는 거야. 그래도 영락제는 몹시 기뻤어. 전설 속의 동물 기린은 훌륭한 황제들만 볼 수 있다는 얘기가 있었거든.

이후에도 정화는 항해를 계속해 총 일곱 번이나 먼 바다로 나아갔어. 정화의 원정은 유럽인들이 아메리카로 가는 항로를 발견하기 전까지 인류 역사에서 가장 거대한 항해였지. 정화의 원정으로 명나라는 동아시아를 넘어 전 세계에 이름을 떨치게 되었어.

용선생의 한 줄 정리
영락제 때 명나라는 영토를 크게 넓혔고, 정화의 원정으로 전 세계적으로 이름을 떨치게 됐어.

• 중국 문화의 절정, 명나라와 청나라 **203**

강한 자만 살아남는다, 일본의 전국 시대

중국이나 우리나라에 비해 일본은 여전히 정치적으로 불안정했어. 일본에는 천황이라고 부르는 왕이 있었지만 좀처럼 힘을 쓰지 못했거든.

대신 10세기 무렵부터 새롭게 성장한 사람들이 있었어. '사무라이'라고 불린 무사들이었지.

"혼란한 세상에 믿을 것은 내 칼밖에 없다!"

정치적인 혼란이 계속되자 전투 전문가인 무사들이 권력을 잡기 시작한 거야. 무사들은 스스로 넓은 영토를 차지하고 권력을 갖기 시작했지.

"천황인 나는 이제 나라를 다스릴 힘이 없소. 그대를 무사의 대표로 임명할 테니 일본을 평화롭게 다스려 주시오."

천황은 가장 강한 권력을 가진 무사에게 나라를 다스릴 권한을 넘겨주었어. 이후로 19세기까지 수백 년 동안 천황은 상징적인 존재일 뿐, 나라를 다스리는 일은 무사의 대표인 쇼군이 맡게 되었지. 쇼군은 막부라는 정부를 세워서 무사들을 다스리고, 무사들은 영주가 되어 각 지역을 나누어 다스렸어. 마치 서양의 봉건제처럼 말이야.

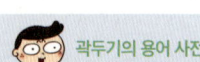

쇼군과 막부
쇼군은 장군이라는 뜻이야. 막부는 원래 전쟁터에서 군인들의 숙소를 말하는데, 무사들이 여기서 나랏일을 결정하면서 '무사들의 정부'라는 의미로 쓰이게 되었지.

그러다 15세기 무렵부터는 무사들의 피비린내 나는 전쟁이 벌어지기 시작했어.

"아니, 네 녀석이! 내가 너를 키워 주고 아껴 주었거늘!"

"나약한 주인은 필요 없소. 이젠 내가 이 지역의 주인이오!"

무사들의 세계에서 가장 중요한 것은 힘이었어. 힘이 없는 영주는 부하들에게 배신당해 목숨을 잃었고, 힘이 강한 무사는 다른 무사들을 공격해 더 넓은 땅의 영주가 되었지. 어느새 일본은 글자 그대로 '전쟁의 나라'가 되어 버렸어. 그래서 이 시기를 일본의 전국 시대라고 불러.

전국 시대 무사들의 최고 관심사는 자신의 땅을 넓혀 세력을 확장하는 것이었어. 주변에 자기보다 약한 무사가 있으면 협박을 하거나 전쟁을 일으켜서 땅을 빼앗았지. 동맹과 배신은 수도 없이 일어났어.

전국 시대의 혼란은 100년 넘게 계속되었지. 이 혼란을 끝내고 일본을 통일한 인물이 도요토미 히데요시였어. 도요토미 히데요시는 하급 무사 출신이었지만, 다른 이름난 집안의 무사들을 제치고 최고 권력자가 되었지. 그리고 마침내 일본을 통일하면서 일본의 전국 시대를 끝냈어. 하지만 전쟁은 아직 끝나지 않았단다.

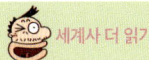

전국 시대

중국 '춘추 전국 시대'의 전국 시대 기억하지? 중국과 일본의 전국 시대는 2천 년 가까이 차이가 나지만, 둘 다 강한 자가 살아남는 전쟁의 시대였던 것은 똑같아.

도요토미 히데요시
(1537년~1598년)
전국 시대 일본을 통일하고, 임진왜란을 일으켰어.

용선생의 한 줄 정리

일본에서 전국 시대가 펼쳐졌는데, 권력을 차지한 도요토미 히데요시가 일본을 통일했어.

동아시아 역사를 바꿔 놓은 임진왜란

"무사들이여, 다시 무기를 들어라! 바다 건너 조선과 명나라를 정복할 것이다!"

일본을 통일한 도요토미 히데요시의 욕심은 끝이 없었어. 그는 동아시아 전체를 지배하고 싶었지.

"전쟁으로 얻게 될 조선과 명나라의 땅은 전쟁에 참여한 무사들에게 공평하게 나누어 줄 것이다!"

"우아! 도요토미 히데요시 만세!"

일본 각지의 무사들은 군대를 거느리고 앞다투어 전쟁에 뛰어들었어. 1592년, 일본이 조선을 침략한 이 전쟁을 **임진왜란**이라고 해.

전국 시대를 겪으며 수많은 전투 경험을 쌓은 일본군과 백 년 넘는 시간 동안 큰 전쟁 없이 평화롭게 지낸 조선군은 상대가 되지 않았어. 게다가 일본에는 서양의 신식 무기 조총도 있었지. 조선의 왕 선조는 한양을 버리고 북쪽으로 도망쳤고, 일본군은 조선 땅 곳곳을 짓밟았어.

조선의 반격은 바다에서부터 시작됐어. **이순신**이 이끄는 조선 수군이 일본군의 진격을 막아섰지. 육지에서는 **의병**이 일어나 일본군에 맞서 싸웠어.

"왕은 도망가는데 농민들이 무기를 들다니! 이게 무슨! 조선은 어떻게 된 나라란 말이냐!"

전투 전문가인 무사들만 전쟁에 나서던 일본은 조선의 의병에 당황할 수밖에 없었지. 그런 와중에 명나라의 지원군까지 도착했어.

"조선이 무너지면 그 다음은 우리 명나라를 공격할 것이다. 일본

질문 있어요!

일본에는 의병이 없었나요?

일본에서는 무사들만 전쟁에 참여했어. 농민들은 전쟁 이후 새 영주에게 세금을 바치면 그만이었지. 반면 우리나라는 수백 년 동안 다른 나라의 군대가 쳐들어오면 백성들이 하나로 뭉쳐 어려움을 극복해 낸 경험이 있어. 이런 역사적 경험의 차이가 전쟁에도 영향을 미쳤던 거야.

군을 조선에서 막아야 한다!"

조선의 관군까지 본격적인 반격에 나서며, 세 나라가 참가한 전쟁은 7년이나 지속됐어. 결국 전쟁을 일으킨 도요토미 히데요시가 사망하고, 일본군이 돌아가면서 전쟁이 끝이 났지.

임진왜란은 조선, 일본, 명나라 동아시아 3국이 모두 참가한 국제전답게 그 충격도 3국의 역사를 크게 바꿔 놓았어.

먼저 전쟁터가 된 조선은 전 국토가 쑥대밭이 되었어. 사람들은 죽고 땅은 불타고, 먹을 것이 없어 굶어 죽는 사람들도 많았지. 조선 사람들은 새로운 나라를 세운다는 마음으로 복구 작업에 힘써야 했어.

명나라 역시 전쟁의 피해가 심각했어. 임진왜란이 일어날 무렵 명나라는 주변의 적들이 노리고 있어 가뜩이나 위험한 상황이었는데, 이 와중에 엄청난 군사비를 사용했으니 나라가 거의 쓰러질 지경이었지. 이제 명나라는 주변의 위협에 대처하기가 힘들어졌어.

일본에서도 큰 변화가 일어났어. 도요토미 히데요시가 죽고 싸움이 벌어졌는데, 임진왜란에 참가하지 않았던 **도쿠가와 이에야스**가 권력을 차지한 거야. 임진왜란에 많은 힘을 쏟아부은 무사들은 도쿠가와 이에야스의 상대가 되지 못했지. 도쿠가와 이에야스는 에도(지금의 도쿄)에 새로운 막부를 세우고, 평화로운 시대를 열었어.

도쿠가와 이에야스 (1543년~1616년) 일본의 권력을 차지하고, 에도 막부 시대를 열었어.

용선생의 한 줄 정리
일본이 일으킨 임진왜란은 동아시아의 역사를 크게 바꿔 놓았어.

중국을 차지한 만주족, 청나라

누르하치
(1559년~1626년)
여진족을 통일하고 후금을 세웠어.

16세기 말, 임진왜란으로 명나라가 약해진 틈을 타 여진족의 한 부족장이 부족들을 통합하기 시작했어. 그의 이름은 **누르하치**야. 젊은 시절 명나라에 할아버지와 아버지를 잃은 누르하치는 명나라에 대한 복수의 칼을 갈았지.

여진족은 한반도 북쪽의 만주에 터를 잡고 살던 민족이었어. 송나라 때 힘을 키워 금나라를 세운 이들이 바로 여진족이었지. 중국인들은 여진족을 오랑캐라 부르며 업신여겼지만, 그들이 하나로 힘을 모으면 그 누구도 막기 어려웠어.

"우리는 중국을 호령하던 금나라의 후손이다. 언제까지나 명나라의 눈치나 보면서 살 수는 없다!"

누르하치는 여진족의 세력이 커지자 부족의 이름을 **만주족**으로 바꾸었어. 그리고는 나라를 세우고, 나라 이름은 금나라를 계승한다는 의미로 **후금**이라고 했지.

만주족의 세력은 나날이 커져 갔어. 하지만 명나라는 이들을 막을 수 없었지. 나라의 국력은 기우는데, 관리들은 부패했고 황제는 무능했거든. 그런 와중에 명나라의 농민들이 못살겠다며 반란을 일으켰어. 후금이 명나라로 쳐들어가기 전에 이미 명나라는 스스로 무너졌던 거야.

누르하치의 뒤를 이은 황제 태종은 나라 이름을 **청나라**로 바꿨어. 청나라의 군대는 만리장성을 넘어 명나라가 차지했던 땅들을 하나하나 점령해 갔어. 그리고 결국에는 중국을 완전히 장악했지.

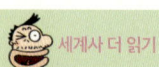

세계사 더 읽기

만주족이 강했던 이유

'팔기군'이라는 제도 때문이야. 팔기군은 각각 다른 깃발을 가지고 있던 여덟 개의 집단이지. 누르하치는 만주족을 여덟 개의 집단으로 나눴는데, 이들은 평소에는 농사나 생업에 종사하다가 전쟁이 나면 바로 군사로 동원됐지. 나라 전체가 늘 전쟁 준비가 되어 있었던 거야.

명나라 땅을 손에 넣고 나니, 더 큰 문제가 있었어. 그건 바로 명나라 백성인 한족을 어떻게 다스릴 것인가 하는 것이었지. 잘못하면 원나라 말기처럼 이민족의 지배에 불만을 가진 한족들이 다시 반란을 일으킬 수도 있었거든.

"만주족은 적고 한족은 너무 많아. 그들을 다스리기 위해서는 억누르기만 해서도 안 되고, 그렇다고 너무 풀어 주어서도 안 되겠어."

청나라는 한족을 안정적으로 지배하기 위해 그들을 달래기도 하고, 압박하기도 하는 두 방향의 정책을 추진했어. 당근과 채찍을 모두 사용한 셈이지.

"이제는 한족도 관직에 진출할 수 있다. 과거 시험을 계속 시행할 것이며, 지방은 사대부들이 계속 다스릴 것이다."

한족을 관리로 등용한다는 소식에 한족들은 깜짝 놀랐어. 특히 한족 사대부들은 안도의 한숨을 쉬었지.

▲ 만주족의 변발

세계사 더 읽기

청나라와 러시아의 국경 분쟁

17세기에 러시아가 시베리아 지역으로 영토를 확장하면서 청나라와 분쟁이 자주 발생했어. 청나라는 군사를 이끌고 러시아의 국경 요새를 공격했지. 이 공격에 조선군이 참여하기도 했는데, 이를 '나선 정벌'이라고 해. 1689년, 청나라와 러시아는 조약을 맺고 국경선을 확정했단다.

반면 채찍에 해당하는 정책도 있었어. 청나라는 한족들에게 만주족의 머리 모양인 변발과 만주족의 옷인 호복을 강요했어. 거리에는 어색한 만주족 옷을 입고 손에는 잘린 머리를 들고 울부짖는 한족 사람들이 보였지.

"아이고, 부모님이 물려주신 머리카락이 이 모양이 되었으니, 이런 불효가 있나!"

또 청나라는 한족 지식인들에게 엄청난 분량의 책을 쓰게 했어. 일자리를 만들어 한족 지식인들의 불만을 잠재우려는 생각이었지. 그러는 한편 책의 내용을 검토해 청나라를 비판하거나 만주족을 얕보는 듯한 내용이 발견되면 가차 없이 처형하기도 했어.

이렇게 당근과 채찍을 적절하게 사용한 덕분에 청나라는 300년 동안이나 중국을 지배할 수 있었어. 한족이 아닌 다른 민족이 이렇게 오랫동안 중국을 완전히 통치한 것은 처음 있는 일이었지.

물론 청나라에 대한 도전이 없었던 것은 아니었어. 청나라 초기에는 명나라의 부활을 꾀하는 반란이 일어나기도 했어. 또 러시아가 동쪽으로 세력을 확장해 국경 지역을 침범하기도 했지.

청나라는 이런 내외의 어려움을 이겨내며 더욱 단단해졌어. 이후 청나라는 여러 명의 훌륭한 황제가 연달아 나오며 1600년대 말부터 약 150년 동안 찬란한 전성기를 맞이하였지. 이 시기는 기나긴 중국 역사에서도 손꼽히는 태평성대였다고 해.

용선생의 한 줄 정리
만주족이 청나라를 세워 중국을 차지한 뒤 한족을 효과적으로 다스리며 나라를 안정시켜 나갔어.

막대한 부를 누린 청나라

전성기 때 청나라는 지금의 중국보다도 훨씬 넓은 영토를 가졌어. 튼튼한 국력을 바탕으로 동쪽으로는 북태평양의 바닷가부터 서쪽으로는 티베트 고원까지, 북쪽으로는 몽골의 초원부터 남쪽으로는 북베트남까지 모두 청나라의 땅이 되었지.

1700년대 중반, **건륭제**가 황제 자리에 올랐을 때는 청나라의 국력이 절정에 이르렀을 때였어. 주변의 나라들은 이렇게 막강한 세력을 자랑하던 청나라와 사이좋게 지내고 싶어 했지. 그래서 건륭제의 생일이면 청나라의 수도 베이징에 각국에서 찾아온 사신들이 가득했어.

"폐하, 생신 축하드리옵니다. 이것은 저희 선물이옵니다."

"그래, 고맙구나. 그대의 나라가 우리 청나라와 계속 교류할 수 있도록 해 주겠다."

청나라의 위상은 날이 갈수록 높아졌지. 청나라는 국력에 자신이 있었기 때문에 다른 나라와 교류하는 것을 두려워하지 않았어. 그래서 청나라가 정한 절차만 따른다면 어떤 나라든 무역을 할 수 있게 했어. 덕분에 청나라 해안 도시에는 청나라와 교류하려는 배들로 북적거렸지.

청나라의 특산품인 차나 비단, 도자기는 전 세계에서 인기였어. 지구 반대편의 유럽 국가들도 예외는 아니었지. 당시 유럽의 귀족들 사이에서는 청나라의 도자기가 최고의 명품으로 여겨졌거든. 유럽 국가들도 막대한 **은**을 가지고 와 청나라와 무역을 하고 싶다고 난리였어.

건륭제
(1711년~1799년)
청나라의 강희제, 옹정제에 이어 황제가 된 인물이야. 이 세 황제가 다스리는 동안 청나라는 전성기를 누렸지.

"메이드 인 청나라가 최고지~!"

청나라의 창고에는 은이 쌓여 갔어. 나라 살림이 풍족하니 건륭제는 가난한 농민들의 세금 부담을 줄여 주었지. 수확량도 많아지면서, 청나라에는 굶주리는 사람들이 줄어들었고, 인구도 폭발적으로 증가했어. 18세기 중반에서 19세기 중반까지 100년 정도의 시간 동안 인구가 2배 가까이 늘었는데, 산업 혁명 이전 사회에서 이러한 변화는 보기 드물 정도의 폭발적인 증가였지.

나라 곳곳에는 수많은 도시가 생겨났고, 삶의 수준이 향상된 사람들은 문화생활을 즐겼어. 춤과 음악을 혼합한 연극인 경극이 인기를 끌어 수많은 사람이 공연장을 찾았지. 문학도 발달해서 서민들은 다양한 소설을 즐기기도 했어.

청나라에 온 서양 선교사들은 당시 청나라에 대해 기록을 남겼어. 그들의 기록에 따르면 현명한 황제와 훌륭한 관리, 태평성대를 누리는 백성들까지 청나라는 그야말로 이상적인 나라였지.

용선생의 한 줄 정리
청나라가 전성기를 누리며 무역이 활발해졌고, 인구가 늘고 경제가 성장했어.

▶ **경극 〈패왕별희〉**
초나라 항우와 그의 연인 우희의 마지막 이별을 그린 경극이야. 항우와 우희의 애절한 사랑 이야기는 지금까지도 중국에서 인기가 많단다.

수재의 세계사 노트

교과서에 나오는 중요한 내용을 정리했어!

명나라	명나라의 탄생	① 홍건적을 이끌던 **주원장**이 **명나라**를 건국(1368년) ② 주원장이 황제를 중심으로 하는 독재 정치를 펼침
	명나라의 발전	① 수도를 **베이징**으로 옮기고 자금성을 지음 ② **정화**의 함대를 파견해 전 세계에 명나라를 알림

일본의 무사 정권	전국 시대	① 무사들이 백여 년간 전쟁을 벌이는 **전국 시대** 시작 (15세기) ② **도요토미 히데요시**가 일본을 통일
	임진왜란	① 도요토미 히데요시가 조선을 침략(**임진왜란**, 1592년) ② 임진왜란 이후 **도쿠가와 이에야스**가 에도(도쿄)에 막부를 세우고 권력을 차지

청나라	청나라의 탄생	① **누르하치**가 여진족(만주족)을 통합하고 **후금** 건국 (1616년) ② 나라 이름을 **청나라**로 바꾼 뒤 중국 전체를 차지
	청나라의 발전	① 한족을 다스리기 위해 회유책과 강압책을 함께 사용 ② 무역으로 막대한 **은**이 유입되면서 나라의 경제가 크게 발전

세계사 능력 시험

01 (가)에 들어갈 인물로 알맞은 것은 무엇일까? ( )

명나라를 세운 황제를 만나 보겠습니다.

나는 황제가 된 뒤 독재 정치를 실시했어요.

(가)

① 유방 ② 주원장
③ 테무친 ④ 누르하치

 2017 대학수학능력시험 변형

02 밑줄 친 '황제'에 대한 설명으로 알맞은 것은 무엇일까? ( )

황제는 수도를 난징에서 베이징으로 옮겼어요. 또 몽골을 수차례 공격했으며, 많은 군사들을 이끌고 베트남을 공격하기도 했어요.

① 남송을 무너뜨렸어요.
② 자금성을 건설했어요.
③ 십자군 전쟁을 일으켰어요.
④ 문치주의 정책을 펼쳤어요.

03 다음 지도에 표시된 항해에 대한 설명으로 알맞은 것은 무엇일까? ( )

① 이 항해로를 비단길이라고 해요.
② 장건의 여행을 계기로 개척되었어요.
③ 명나라가 쇠퇴하는 계기가 되었어요.
④ 정화가 여러 차례 항해를 이끌었어요.

04 다음 (가)와 (나)에 들어갈 단어를 바르게 짝지은 것은 무엇일까? ( )

무사들의 대표인 (가) 은 천황에게 권력을 물려받은 뒤, 막부를 세워 나라를 다스렸어요. 훗날 무사들은 최고 권력자가 되기 위해 군대를 일으켜 서로 싸움을 벌였는데, 이 시기를 (나) 라고 해요.

	(가)	(나)
①	쇼군	전국 시대
②	쇼군	위진 남북조 시대
③	집정관	전국 시대
④	집정관	위진 남북조 시대

05 (가) 전쟁 이후에 있었던 사실로 알맞은 것은 무엇일까? ( )

지식백과
(가)

1592년부터 1598년까지 일본이 조선을 침입하면서 일어난 전쟁이에요. 처음에 일본군에 밀리던 조선은 이순신이 이끌던 수군과 의병의 활약, 명나라군의 지원으로 일본군을 물리칠 수 있었어요.

① 쇼토쿠 태자가 불교를 받아들였어요.
② 도요토미 히데요시가 일본을 통일했어요.
③ 도쿠가와 이에야스가 권력을 차지했어요.
④ 일본이라는 나라 이름을 쓰기 시작했어요.

06 다음 지도의 나라에 대한 설명으로 알맞은 것은 무엇일까? ( )

① 만리장성을 세웠어요.
② 임진왜란을 일으켰어요.
③ 만주족이 세운 나라예요.
④ 색목인을 적극 등용했어요.

 시험에 잘 나와!

07 빈칸에 들어갈 내용을 〈보기〉에서 알맞게 고른 것은 무엇일까? ( )

청나라는 다수의 한족을 다스리기 위해 회유하거나 압박하는 두 방향의 정책을 펼쳤어요. 청나라가 한족을 압박한 대표적인 정책으로 _____.

보기
ㄱ. 과거시험을 실시했어요.
ㄴ. 변발과 호복을 강요했어요.
ㄷ. 관직에서 무조건 제외시켰어요.
ㄹ. 청나라를 비판하면 처형했어요.

① ㄱ, ㄴ   ② ㄱ, ㄹ
③ ㄴ, ㄷ   ④ ㄴ, ㄹ

08 다음 주제에 대한 학생들의 발표 내용으로 알맞지 <u>않은</u> 것은 무엇일까? ( )

주제: 청나라의 사회와 문화

① 특산품인 도자기가 유럽에서 큰 인기를 끌었어요.

 ② 수도 장안이 국제도시로 크게 성장했어요.

③ 춤과 음악이 혼합된 경극이 인기를 끌었어요.

 ④ 전성기 때 인구가 폭발적으로 증가했어요.

최고의 황제, 강희제

강희제는 청나라뿐만 아니라 중국 역사 전체에서도 가장 현명한 군주 가운데 한 명으로 꼽히는 인물이야. 그는 여덟 살의 어린 나이로 황제가 되었어. 삼번의 난을 진압하고, 무려 60년 동안 청나라를 잘 다스렸지. 이후 옹정제, 건륭제 등 훌륭한 황제가 연달아 등장해 청나라는 평화로운 시기를 보낼 수 있었단다.

3 인도와 서아시아의 화려한 제국들

이슬람 세계의 새로운 주인공, 셀주크 튀르크

이슬람 제국은 나날이 세력을 넓혀 나갔어. 서아시아부터 북아프리카와 유럽의 이베리아반도까지, 이슬람의 세력이 닿지 않는 곳이 없었지. 하지만 세력이 커지면서 내부에서는 권력을 차지하기 위해 피 튀기는 다툼이 벌어졌어. 너도나도 자신이 무함마드의 진정한 후계자라고 소리쳤고, 칼리프의 권위는 땅에 떨어졌지. 권력을 노리는 귀족들이 칼리프를 위협하기까지 했어.

"칼리프인 나를 위협하다니! 귀족들의 위협에서 벗어나려면 튀르크인의 도움이 필요하겠군."

튀르크인은 원래 중앙아시아의 초원 지역에 살던 유목민이었어. 그런데 점점 서쪽으로 이동해 이슬람 상인들로부터 이슬람교를 받아들였지. 이들은 유목민답게 말을 타는 데 능숙했어. 그 가운데서도 **셀주크 튀르크**라고 불린 부족은 매우 강력했지. 칼리프는 이들과 손잡기로 한 거야.

"바그다드로 들어와 나를 도와주시오. 나를 도와준다면 튀르크인들이 이슬람 제국 안에서 편하게 살 수 있도록 해 주겠소."

셀주크 튀르크는 칼리프의 제안을 받아들였어. 칼리프를 도와 바그다드에 들어가게 된다면 이슬람 세계의 중심을 차지할 수 있었거든. 1055년, 셀주크 튀르크는 바그다드에 들어와 칼리프를 위협하던 세력들을 모두 쫓아냈어.

"셀주크의 지도자여, 그대를 술탄으로 임명하겠소."

질문 있어요!

튀르크인은 어떤 사람들이에요?

중앙아시아의 유목민이야. 당나라가 싸웠던 '돌궐'이 튀르크를 한자식으로 옮긴 말이지. 튀르크에는 여러 종류의 부족이 속해 있었어. 같은 튀르크인이라고 하지만 서로 전혀 다른 부족들도 많았단다.

술탄이라는 말은 이슬람 세계의 정치, 군사 지도자를 의미해. 이후로는 술탄이라는 말이 이슬람 세계의 '왕'과 같은 의미로 쓰였지.

바그다드 주변을 장악한 셀주크 튀르크는 서쪽으로 나아갔어. 튀르크는 유목민이었기 때문에 가축을 키울 만한 초원이 필요했는데, 지금의 튀르키예 영토인 아나톨리아반도가 적합해 보였지. 그런데 아나톨리아반도는 비잔티움 제국이 차지하고 있는 땅이었어.

"우리 튀르크인들이 살기에 적합한 땅이다. 이 땅을 차지하자!"

셀주크 튀르크의 기병들은 비잔티움 제국 황제의 군대와 전쟁을 벌였지. 튀르크 기병들은 말을 달려 활로 공격하고는 반격할 틈도 없이 재빠르게 멀리 달아났어. 그러다 또 번개같이 나타나 공격하고는 달아나는 식으로 비잔티움 제국 군의 혼을 쏙 빼놨지. 결국 비잔티움 제국은 대패를 당했고, 아나톨리아반도는 튀르크인들이 차지하게 되었어.

셀주크 부족을 중심으로 한 튀르크인들이 이제 서아시아의 새로운 주인공이 된 거야.

용선생의 한 줄 정리
셀주크 튀르크가 서아시아의 이슬람 세계를 차지했어.

비잔티움 제국을 무너뜨린 오스만 제국

셀주크 튀르크는 지중해에서 중앙아시아에 이르는 대제국을 세웠지만, 칭기즈 칸이 세운 몽골 제국의 침입으로 멸망하고 말았어.

이후 이슬람 세계는 여러 나라와 부족으로 나뉘게 되었지. 이슬람 세계의 중심지였던 바그다드도 전쟁으로 활기를 잃었어. 대신 튀르크인이 차지한 아나톨리아반도가 이슬람 세계의 새로운 중심으로 떠올랐지.

★교과서 핵심어
오스만 제국이 등장한 것은 이 무렵이야. 오스만 제국은 1300년 무렵 아나톨리아반도의 한 귀퉁이에서 출발했어. 튀르크의 여러 부족 중 하나인 오스만 제국은 주변의 작은 나라들을 하나둘 집어삼키기 시작했어. 그리고는 아나톨리아반도의 부족 대부분을 통합하게 되었지.

오스만 제국은 바다 건너 발칸반도를 노렸어. 발칸반도는 과거 그리스가 있던 지역인데, 이때는 비잔티움 제국이 차지한 땅이었지. 비잔티움 제국은 천 년 넘게 이 지역을 지킨 대제국이었지만, 오랜 전쟁으로 힘이 많이 쇠락한 상태였어.

오스만 제국은 이 틈을 놓치지 않고 발칸반도의 땅을 하나하나 점령해 나갔어. 그리고는 마지막으로 비잔티움 제국의 수도 콘스탄티노폴리스 하나만을 남겨 두게 되었지.

콘스탄티노폴리스는 비단길과 지중해를 잇는 길목에 위치한 도시야. 지금

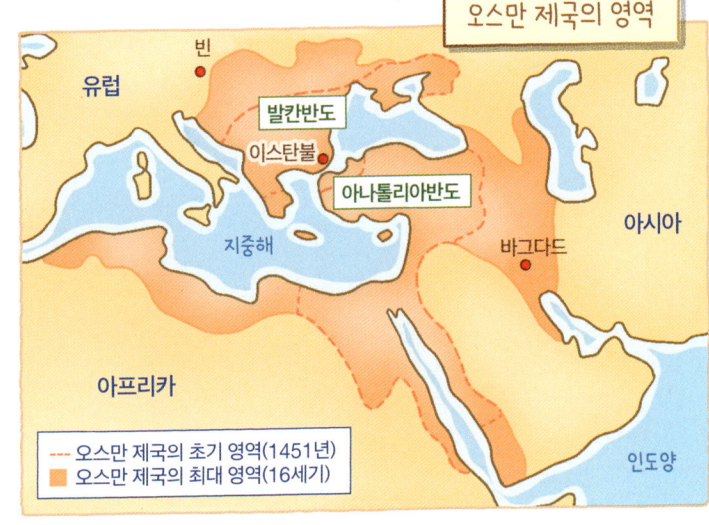

곽두기의 용어 사전

난공불락(難攻不落)
공격하기 어려워 쉽게 무너지거나 빼앗기지 않는다는 뜻이야.

해자
성 주위에 둘러 판 못을 말해.

메흐메트 2세
(1432년~1481년)
오스만 제국의 술탄이야. 콘스탄티노폴리스를 함락하면서 오스만 제국을 크게 성장시켰지.

도 유럽과 아시아의 관문으로 유명한 곳이지. 아시아에서 수입한 물건들은 콘스탄티노폴리스로 모여서 지중해 곳곳으로 팔려 나갔어. 게다가 흑해의 여러 도시가 지중해 세계와 교역하기 위해서도 꼭 거쳐야 하는 곳이었지. 그래서 수백 년 동안 페르시아와 이슬람 제국이 노렸던 거야.

하지만 수백 년에 걸친 공격을 막아낸 **난공불락**의 성을 가진 도시이기도 했지. 삼면이 바다로 둘러싸인 데다가 삼중으로 된 높은 성벽까지 있어서 바다에서는 접근조차 쉽지 않았어. 또 성벽 앞에는 넓은 **해자**가 있어 성을 공격하는 병사들은 해자에 빠져 허우적거리다 목숨을 잃곤 했지. 그래서 서아시아의 여러 제국들도 이 도시만은 함락시키지 못했던 거야.

오스만 제국의 술탄 **메흐메트 2세**는 마침내 병사들에게 콘스탄티노폴리스를 공격하라고 명령을 내렸어.

"병사들이여 모두 나를 따르라! 콘스탄티노폴리스를 위대한 알라의 발아래 무릎 꿇리자!"

메흐메트 2세는 길이가 8미터나 되는 거대한 대포를 만들어 성벽

▶ **술탄 아흐메트 사원**
(튀르키예 이스탄불)
튀르키예를 대표하는 이슬람 사원이야. 사원의 내부가 파란색의 타일로 장식되어 있어서 '블루 모스크'라는 별명으로 더 잘 알려져 있지. 6개의 첨탑은 술탄의 권력을 상징해.

을 공격했지. 하지만 비잔티움 제국도 필사적으로 버텨냈어. 비잔티움 제국의 황제도 직접 무기를 들고 전투에 참여할 정도였대.

하지만 이미 쇠락해진 비잔티움 제국이 새롭게 성장하고 있는 오스만 제국의 공격을 막아내기는 역부족이었어. 결국 계속되는 공격에 콘스탄티노폴리스도 무너지고 말았어. 그렇게 천 년 넘게 로마 제국의 전통을 지켜온 비잔티움 제국이 멸망하고 말았지(1453년).

콘스탄티노폴리스를 함락시킨 메흐메트 2세는 다른 정복자들과 달랐어.

"도시를 파괴하지 말라! 과거 찬란했던 로마 문명을 우리 오스만 제국이 계속 이어 나갈 것이다!"

▲ 콘스탄티노폴리스로 들어서는 메흐메트 2세

당시에는 전쟁에서 승리한 뒤 적의 도시를 약탈하고 폐허로 만들어 버리는 일이 많았어. 하지만 메흐메트 2세는 오히려 이 도시를 오스만 제국의 수도로 삼고, 이름도 이스탄불로 바꿨어. 로마 문화의 중심지이자 비잔티움 제국의 수도가 이슬람 세계의 중심 도시로 바뀐 거야.

이후 오스만 제국은 거침없이 성장해 갔어. 메흐메트 2세의 손자 때는 서아시아와 이집트로 영토를 크게 넓혔지. 오스만 제국의 술탄은 가장 거대한 제국의 왕이 된 거야. 이제 오스만 제국은 유럽으로 눈을 돌렸어.

용선생의 한 줄 정리
오스만 제국의 메흐메트 2세가 비잔티움 제국을 멸망시켰어.

대제국으로 성장한 오스만 제국

술레이만 1세
(1494년~1566년)
활발한 정복 활동을 통해 오스만 제국의 전성기를 이끌었어.

1529년 신성 로마 제국의 수도 빈에는 그 어느 때보다 긴장감이 맴돌았어. 콘스탄티노폴리스를 점령한 오스만 제국이 빈으로 쳐들어오고 있었거든.

"폐하! 오스만 제국이 이곳 빈까지 노리고 있다고 하옵니다!"

"오, 하느님이시여. 이슬람교로부터 저희를 지켜 주소서."

빈은 신성 로마 제국의 수도로서 당시 유럽의 중심 도시였어. 서유럽 사람들은 콘스탄티노폴리스가 함락될 때만 해도 유럽의 동쪽 끝에서 일어난 일이라 강 건너 불 보듯 했지. 하지만 이제 유럽의 한가운데까지 위협을 받게 된 거야.

펑! 펑! 오스만 제국의 술탄 술레이만 1세가 이끄는 군대가 순식간에 빈을 포위하고 대포를 쏴대기 시작했어. 빈의 성벽 곳곳이 무너지기 시작했지. 오스만 제국 앞에 빈은 바람 앞의 촛불 같은 신세였어.

하지만 이때 심한 비가 내렸어. 오스만 제국의 화약이 물에 젖는 바람에 쓸 수가 없게 돼 버렸지. 결국 술레이만 1세는 군대를 돌려 돌아갔어. 하지만 술레이만 1세는 이후에도 호시탐탐 빈을 노렸고, 유럽 사람들은 오스만 제국의 군대가 또 쳐들어올까 조마조마했단다.

오스만 제국은 바다로도 뻗어 나갔어. 그동안 유럽이 차지하고 있던 지중해 세계를 차지하기로 마음먹은 거야. 술레이만 1세는 지중해를 차지하기 위해 해적 두목이었던 하이레딘을 해군 사령관에 임명했지.

▲ 빈을 포위한 오스만 제국 군대
오스만 제국은 땅굴을 파서 빈의 성벽을 무너뜨리려고 했지만, 갑작스러운 폭우 때문에 오히려 큰 피해를 보았어.

"하하! 해적인 나에게 이런 기회를 주시다니! 지중해에서 크리스트교도를 쓸어 버리자!"

유럽 나라의 해군은 오스만 제국의 해군을 만나 번번이 패배했어. 결국 유럽 나라들은 강한 해군을 갖고 있던 에스파냐와 베네치아를 중심으로 힘을 합치기로 했지.

하지만 힘을 합친 유럽의 함대도 오스만 제국의 상대가 되지 못했어. 그리스 앞바다에서 하이레딘이 이끄는 오스만 제국의 함대는 유럽 연합의 함대를 상대로 압도적인 승리를 거뒀지(1538년). 16세기, 지중해 세계 최강자는 오스만 제국이었단다.

용선생의 한 줄 정리
오스만 제국은 술레이만 1세 때 지중해 세계 최강국이 되었어.

오스만 제국 사람들은 어떻게 살았을까?

16세기 오스만 제국은 서아시아, 북아프리카는 물론 동유럽에까지 걸친 대제국을 완성했어. 거대한 영토에는 다양한 종교를 믿는 여러 민족의 사람들이 어우러져 살고 있었지.

"우리나라가 오스만 제국에 점령 당하다니, 이제 곧 튀르크인들이 몰려와서 이슬람교를 믿으라고 협박하겠구나."

오스만 제국에 정복당한 나라의 사람들은 이슬람교로 개종해야 하나 걱정이 이만저만이 아니였어. 그런 사람들에게 오스만 제국의 발표는 전혀 뜻밖이었지.

"오스만 제국은 당신들의 종교를 있는 그대로 인정하겠소."

오스만 제국은 점령지의 사람들에게 관대했어. **지즈야**라고 불리는 세금만 낸다면 이슬람교를 강요하지 않았고, 다른 종교를 허용했지. 또 이슬람교로 개종하는 사람은 지즈야도 내지 않았어.

다른 종교를 믿는 사람들은 **밀레트**라고 불리는 공동체를 만들어 같은 종교를 믿는 사람들끼리 모여 생활했어. 유대교를 믿는 사람들은 유대교를 믿는 사람들끼리, 크리스트교를 믿는 사람들은 크리스트교를 믿는 사람들끼리 모이는 식이었지.

각각의 밀레트들은 자치를 누릴 수 있었어. 각 민족은 자기들의 언어를 그대로 썼어. 또 학교나 병원을 세우고 자신들의 법에 따라 재판을 진행하고, 심지어 감옥도 따로 있을 정도였지.

여러 민족의 사람들도 오스만 제국의 정책에 잘 따랐고, 덕분에 오스만 제국은 빠르게 성장해 나갈 수 있었어. 밀레트 제도는 거대한 영토와 다양한 민족을 다스리기 위한 오스만 제국의 통치 기술이었던 셈이야.

오스만 제국은 혈통이나 출신에 관계 없이 유능한 자들을 등용하기도 했어. 당시 유럽은 가문이나 출신이 굉장히 중요했는데, 유럽과는 크게 다른 점이었지. 특히 술탄의 지휘를 받는 **예니체리**라는 부대는 튀르크 출신이 아닌 크리스트교 출신의 사람들로 구성했어.

크리스트교를 믿는 집의 청소년들을 데리고 와서 술탄에게 충성을 바치도록 훈련시켰지. 그리고 훈련에서 최고의 성적을 받은 아이들이 술탄의 친위 부대인 예니체리가 되었지. 이들은 오스만 제국을 대제국으로 성장시키는 데 앞장섰어.

▲ 예니체리가 되기 위해 뽑힌 아이들

"술탄을 위해 목숨을 바치자!"

예니체리들은 전쟁터에서 누구보다 용맹하게 싸웠어. 기본적으로 활, 창, 칼, 도끼 등 전통적인 무기는 가리지 않고 모두 다룰 수 있었고, 유럽의 군대보다 먼저 총을 사용하기도 했지. 적들은 예니체리 부대의 출동 소식만 들려도 벌벌 떨었다고 해.

여러 민족의 종교와 문화를 인정하는 태도와 능력 중심의 인재 선발 덕분에 오스만 제국은 오랜 기간 번영을 누릴 수 있었어.

용선생의 한 줄 정리
오스만 제국은 넓은 영토를 효율적으로 다스리기 위해 제국 내 여러 민족의 종교와 문화를 인정했어.

무굴 제국 최고의 황제, 아크바르

서아시아에서 등장한 이슬람교는 전 세계 곳곳으로 퍼져 나갔어. 인도 지역도 예외가 아니었지. 원래 인도 지역에는 힌두교를 믿는 사람이 많았어. 그런데 8세기 무렵 이슬람 세력이 들어오면서 많은 이슬람 왕조가 세워졌지. 인도를 다시 통일한 나라는 인도의 이슬람 왕국 가운데 가장 강력했던 **무굴 제국**이야.

무굴 제국이 세워진 것은 1500년 무렵이었어. 무굴 제국의 황제와 귀족은 이슬람교 신자들이었지. 그런데 대부분의 백성은 인도의 전통 종교인 힌두교를 믿었어. 이렇게 귀족과 백성들의 종교가 달라서 나라가 하나로 뭉치지 못하는 일이 많았지. 힌두교를 믿는 사람들은 이슬람 왕조를 인도 밖으로 몰아낼 기회를 엿보았고, 황제의 힘이 약하다 싶으면 반란을 일으키기도 했지.

무굴 제국의 세 번째 황제인 **아크바르**가 즉위했을 때도 이렇게 혼란한 상황이었어. 아크바르가 어린 나이에 황제의 자리에 오르자 힌두교도들이 반란을 일으킨 거야. 신하들의 도움으로 반란을 진압했지만, 이후에는 공을 세운 신하들이 권력을 장악했어.

어른이 된 아크바르는 권력을 장악한 신하를 쫓아냈어. 반란을 진압하는 데 도움을 준 공신들이었지만, 권력을 손에 쥐고 멋대로 좌지우지하는 모습을 도저히 볼 수 없었던 거지. 그리고 오히려 자신이 왕이 되는 데 반대했던 귀족들, 자기 아버지에게 칼을 들이댔던 귀족들과 화해했어. 아크바르는 모두를 끌어안아 진정한 왕이 되고자 했던 거야.

아크바르
(1542년~1605년)
무굴 제국의 황제야. 무굴 제국의 기반을 다져 전성기를 열었어.

아크바르는 한 발 더 나아가 힌두교도들에게까지 손을 내밀었어. 무굴 제국은 워낙 다양한 종교와 민족이 섞여 있다 보니 어느 한쪽의 편만 들면 나머지 사람들이 불만을 가질 수밖에 없었거든. 그래서 여러 세력들의 균형을 맞추고 다양한 종교와 문화를 아울러 제국을 안정시키려고 했지.

"이슬람교를 믿지 않더라도 어떠한 차별도 하지 않겠다!"

무굴 제국에서 이슬람교를 믿지 않는 사람들은 많은 세금을 내야 했고, 또 관직에도 진출할 수 없었어. 아크바르는 이러한 차별들을 모두 없애 버렸지. 힌두교도들은 아크바르의 정책을 환영할 수밖에 없었어.

"나는 이슬람교를 믿는 여인이 아니라, 힌두교를 믿는 여인을 왕비로 맞이하겠다."

아크바르는 스스로 힌두교도 왕비와 결혼했어. 이 결혼은 무굴 제국 안에서 종교적 차별이 없어졌다는 상징적인 사건이었지.

무굴 제국의 문화는 한층 다양하고 풍성해졌어. 이제 힌두교를 바탕으로 한 인도의 전통문화에 다양한 민족의 영향을 받은 이슬람 문화가 합쳐지게 되었지. 이를 ★교과서 핵심어 <u>인도 이슬람 문화</u>라고 한단다.

▲ 종교 지도자들과 토론하는 아크바르

무굴 제국을 안정시킨 아크바르는 이제 눈을 밖으로 돌려 적극적인 정복 활동에 나섰어. 아크바르는 북인도의 대부분을 차지하고 서쪽의 인더스강 유역도 모두 차지했지. 또 남쪽의 고원 지역까지 영토를 크게 넓혔어.

아크바르 이후의 황제들도 정복 활동을 계속 이어 나갔어. 무굴 제국은 인도 남부의 끝을 제외한 인도 대부분을 통일했지. 이렇게 인도 대부분의 땅을 통일한 것은 그 옛날 마우리아 왕조 이후에 처음 있는 일이었어!

그렇게 아크바르는 50년 가까이 무굴 제국을 다스렸어. 인도 역사에서 가장 찬란한 시대라는 무굴 제국의 전성기가 바로 아크바르로부터 시작된 거지.

용선생의 한 줄 정리
아크바르 황제는 다양한 종교와 문화를 차별하지 않는 관용 정신으로 무굴 제국의 전성기를 열었어.

세계의 부가 흘러든 무굴 제국

"외국 상인 여러분 환영합니다! 후추, 면직물, 동남아시아산 향신료까지 뭐든 다 있습니다. 자 골라 보세요!"

아크바르 이후 무굴 제국은 큰 번영을 누렸어. 후추나 보석 같은 인도의 특산물이 세계적으로 인기를 끌며 세계 곳곳에서 수많은 상인들이 인도를 찾아왔거든.

인도는 인도양이라는 거대한 바다의 한가운데 위치하고 있어. 당시의 항해술로는 아

인도양과 인도

프리카나 서아시아에서 인도를 거치지 않고는 바로 동남아시아나 동아시아로 가기는 어려웠지. 반대로 동남아시아에서 서아시아로 가려고 해도 인도를 거치지 않고 가는 것이 힘들었어. 그래서 인도는 상인들이 꼭 거쳐야 하는 곳이 된 거야.

또 인도는 다른 지역에서 나지 않는 특산물이 많았어. 후추를 비롯한 향신료나 목화솜에서 실을 뽑아 만든 면직물이 유명했지. 값비싼 보석인 다이아몬드는 18세기까지 인도에서만 생산되었다고 해. 게다가 인도는 땅이 무척 넓고 인구도 많아서 상품을 판매하기도 좋은 곳이었지.

특히 17세기에는 유럽의 상인들이 몰려오면서 **인도양 무역**이 전성기를 맞았어. 아프리카를 돌아 인도로 오는 신항로를 개척한 유럽의 상인들이 배를 타고 무굴 제국으로 몰려온 거야. 유럽과 아시아 사이에는 오스만 제국이 떡하니 버티고 있어서 유럽인들이 아시아

의 물건들을 구하는 데 어려움을 겪고 있었거든.

포르투갈, 네덜란드, 영국, 프랑스 등의 상인들은 앞다투어 무굴 제국의 항구로 배를 보냈어. 후추나 면직물, 다이아몬드 같은 보석이나 동남아시아의 향신료를 유럽으로 가져가기만 하면 수십, 수백 배의 이익을 남길 수 있었지. 아예 유럽으로 돌아가지 않고 인도를 거점으로 해서 아시아 각지를 오가며 무역하는 상인들도 많아졌어.

당시 유럽에는 아메리카 대륙에서 엄청난 양의 은이 들어왔는데, 이 은이 인도에서 물건을 사려는 상인들을 통해 무굴 제국으로 흘러 들어왔어. 은이 쌓인 무굴 제국은 경제적으로 큰 부를 누리게 되었지.

무굴 제국이 얼마나 큰 부를 누렸는지 보여주는 대표적인 건물이 바로 **타지마할**(1653년)이야. 타지마할은 무굴 제국의 황제 샤 자한이 죽은 부인을 위해 만든 무덤인데, 세계에서 가장 아름다운 무덤으로 잘 알려져 있단다.

 **용선생의 한 줄 정리**
인도양 무역으로 세계의 부가 무굴 제국으로 흘러 들어왔어.

▼ 타지마할(인도 아그라)

수재의 세계사 노트

교과서에 나오는 중요한 내용을 정리했어!

셀주크 튀르크	셀주크 튀르크의 성장	① 셀주크 튀르크의 지도자가 칼리프로부터 술탄의 칭호를 얻음 ② 비잔티움 제국을 공격하고 아나톨리아반도를 차지
오스만 제국	오스만 제국의 발전	① 메흐메트 2세가 콘스탄티노폴리스를 차지해 이름을 이스탄불로 바꾸고 수도로 삼음(1453년)
	오스만 제국의 전성기	① 술레이만 1세가 신성 로마 제국의 수도 빈을 공격 (1529년) ② 유럽 연합 함대를 물리치고 지중해를 장악
	오스만 제국의 사회	① 같은 종교를 믿는 사람들의 공동체인 밀레트를 허용하는 등 각 민족의 종교와 문화를 인정 ② 혈통, 출신에 상관없이 능력 있는 사람들을 등용
무굴 제국	아크바르 황제의 정치	① 무굴 제국은 이슬람교를 믿는 황제와 귀족, 힌두교를 믿는 백성들로 구성 ② 아크바르 황제가 힌두교에 대한 차별을 없앰 ③ 북인도 대부분을 차지. 아크바르 이후 인도 남부 지역까지 영토 확장
	무굴 제국의 경제와 문화	① 유럽과 아시아를 잇는 인도양 무역의 중심지로 발달 (17세기) ② 타지마할은 무굴 제국의 발달된 경제를 보여주는 대표적인 건축물

세계사 능력 시험

01 밑줄 친 '이 나라'에 대한 설명으로 알맞은 것은 무엇일까? ( )

칼리프가 이 나라의 지도자를 술탄으로 임명한 현장을 단독 취재했습니다.

① 게르만족이 세웠어요.
② 카르타고와 전쟁에서 승리했어요.
③ 칼리프를 위협하는 세력을 쫓아냈어요.
④ 마라톤 전투로 페르시아를 물리쳤어요.

✓ 시험에 잘 나와!

02 다음 가상 다큐멘터리에서 볼 수 있는 장면으로 알맞은 것은 무엇일까? ( )

> 역사 다큐멘터리 기획안
> **이슬람 세계의 새 주인**
>
> 기획 의도
> 중앙아시아의 유목 민족이었던 셀주크 튀르크가 이슬람 제국의 지배자가 된 과정을 살펴본다.

① 카스트 제도에 따라 사는 백성들
② 탄압을 피해 메디나로 이동한 무함마드
③ 아나톨리아반도를 차지한 셀주크 튀르크
④ 성직자 임명권을 두고 싸우는 황제와 교황

03 다음 퀴즈의 정답으로 알맞은 것은 무엇일까? ( )

제시된 힌트를 종합해 알 수 있는 인물은 누구일까?

> **1단계**
> 오스만 제국의 술탄.
>
> **2단계**
> 비잔티움 제국을 멸망시킴.

① 다리우스　　② 무함마드
③ 카롤루스 대제　④ 메흐메트 2세

✓ 2020 대학수학능력시험 변형

04 (가) 나라에 대한 탐구 활동으로 알맞은 것은 무엇일까? ( )

> (가) 는 콘스탄티노폴리스를 점령했어요. 뿐만 아니라 밀레트 제도를 실시해 이슬람교도가 아니더라도 세금만 내면 자치를 누릴 수 있었어요.

 ① 술탄 메흐메트 2세에 대해 알아봐요.

 ② 임진왜란을 일으킨 배경을 조사해요.

 ③ 천황이란 칭호가 쓰인 배경을 알아봐요.

 ④ 남북을 잇는 대운하를 만든 까닭을 조사해요.

05 다음 질문에 대한 대답으로 알맞지 <u>않은</u> 것은 무엇일까? ( )

> 질문 오스만 제국은 어떤 정책을 펼쳤나요?
> 답변 _____

① 능력에 따라 인재를 뽑아 썼어요.
② 아랍인만 대우하는 정책을 펼쳤어요.
③ 밀레트를 두어 자치 공동체를 허용했어요.
④ 지즈야를 내면 이슬람교를 강요하지 않았어요.

06 (가)에 들어갈 내용으로 알맞지 <u>않은</u> 것은 무엇일까? ( )

① 힌두교도인 왕비와 결혼했어요.
② 힌두교도에게 부과된 세금을 없앴어요.
③ 힌두교도도 관직에 진출할 수 있게 했어요.
④ 크리스트교 출신 아이들을 뽑아 예니체리를 만들었어요.

07 밑줄 친 '이것'으로 알맞지 <u>않은</u> 것은 무엇일까? ( )

> 세계사 정리 노트
> **무굴 제국의 경제**
> – 유럽과 아시아를 잇는 무역 중심지
> – 인도양 무역을 이끌며 크게 성장함.
> – 유럽에 <u>이것</u>을 수출해 큰 이익을 남김.

① 향신료
② 면직물
③ 자동차
④ 다이아몬드

08 다음 문화유산으로 알맞은 것은 무엇일까? ( )

> 무굴 제국을 대표하는 문화유산이에요. 황제 샤 자한이 부인을 그리워하며 만든 무덤으로, 매일 2만 명의 인부를 동원해 22년에 걸쳐 지었다고 해요. 1983년 유네스코 세계 문화유산으로 지정되었어요.

① 수도교　　　② 콜로세움

 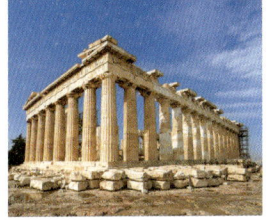
③ 타지마할　　④ 파르테논 신전

뭄타즈 마할을 사랑한 샤 자한

샤 자한은 왕이 되는 과정에서 치열한 권력 다툼을 해야 했어. 이때 그의 왕비 뭄타즈 마할의 집안이 큰 힘이 되어 주었다고 해. 또 왕비 본인도 샤 자한의 정치적인 조언자이면서 좋은 친구였어. 이런 왕비가 죽자 샤 자한은 값비싼 대리석으로 건물을 세우고 각종 보석들로 건물을 장식했지. 이때 포르투갈을 비롯해 유럽의 상인들이 은을 가지고 인도를 찾고 있었어. 샤 자한은 유럽에서 흘러 들어온 돈을 이용해 세상에서 가장 아름다운 무덤을 만든 거야.

4 유럽이 새로운 세상에 눈을 뜨다

유럽에서 도시가 성장하고 장원이 무너지다

십자군 전쟁이 실패로 끝나면서 유럽 사회에는 많은 변화가 찾아왔어. 성지를 회복하자며 전쟁을 일으킨 교황은 힘을 잃었고, 수십 년간 전쟁에 참여한 영주들의 세력도 예전 같지 못했지.

반면 새롭게 성장한 사람들도 있었어. 바로 도시의 **상공업자**들이야. 전쟁에는 무기나 갑옷 등 많은 물건이 필요해. 수공업자들은 전쟁에 필요한 물건을 만들고, 상인들은 이 물건들을 지중해 동쪽으로 날라 주었어. 그리고 돌아올 때는 비단이나 향신료 같은 아시아의 특산품들을 싣고 돌아왔지.

곽두기의 용어 사전

상공업자
물건을 사고파는 상업이나 물건을 만드는 공업 분야에서 일하는 사람을 말해.

동방으로 오고 가는 상인들이 많아지면서 무역이 크게 발달했어. 그러면서 많은 돈을 번 상공업자들이 등장하기 시작했지.

"돈이 이렇게 많은데, 영주 말을 들으며 살 필요가 없지 않나? 상공업자들끼리 돈을 모아 도시를 사 버리자!"

상공업자들은 영주의 장원이 아닌, 시장이 있는 도시에서 성장했어. 그들은 장원의 농노처럼 강제로 영주의 땅을 농사지을 필요가 없었지. 도시에서 자유를 누리게 된 이들은 돈을 내고 영주로부터 자치권을 사서 도시를 직접 다스리기도 했어. 심지어는 군대를 고용해 다른 나라와 전쟁을 치르기까지 했단다.

도시의 상인과 수공업자들은 비슷한 일을 하는 사람들끼리 모여 **길드**라는 조직을 만들었어. 길드는 동업자들이 자기들끼리는 경쟁하지 않고 물건의 양과 가격을 통제하

질문 있어요!

흑사병은 어떤 병이에요?

흑사병은 페스트라는 세균에 의해 생기는 병인데, 심한 열이 나고 구토가 나다가 죽음에 이르는 무서운 병이지. 온몸이 검게 변한다고 해서 흑사병이라는 이름이 붙었어.

면서 사업을 독점하는 조직이었지. 이렇게 도시의 경제를 이끈 길드들은 경제뿐만 아니라 도시 전체의 운영까지 담당하기도 했어.

당시 수공업자들의 힘을 보여주는 사례가 북유럽의 **한자 동맹**이야. 이 동맹에는 여러 도시와 길드가 가입했어. 한자 동맹은 300년 가까이 북유럽 지역의 교역을 독점했는데, 하나의 독립된 나라처럼 움직였지. 이제 유럽에서는 상공업자들이 무시할 수 없는 세력으로 성장한 거야.

한편 도시가 발달한 것과 대조적으로 장원은 차츰 쇠락했어. 장원에 살던 농민들이 영주의 지배를 벗어나기 위해 장원을 떠나 도시로 도망치곤 했거든. 일할 농민이 줄어드니 장원이 힘을 잃어 가는 건 당연한 일이었지.

장원에 치명타를 안긴 것은 무서운 전염병이었어. 14세기에 **흑사병**이라는 전염병이 유럽을 휩쓸었지. 치명적인 전염병으로 인구가 크게 줄어 장원에는 일할 사람이 더욱 부족해졌어. 영주들은 예전처럼 농민들을 함부로 대할 수 없었고, 장원은 점차 해체되어 가기 시작했단다.

용선생의 한 줄 정리

십자군 원정 이후 도시의 상공업자가 성장한 반면, 장원은 일할 농민이 줄어들면서 차츰 해체되었어.

◀ **흑사병 의사**
흑사병 의사는 부리가 긴 가면을 썼어. 가면 안에는 향기 나는 잎으로 가득 채워, 나쁜 공기를 걸러냈지. 환자를 직접 만지지 않기 위해 지팡이를 사용했대.

이탈리아에서 시작된 르네상스

14세기 무렵의 유럽 사회에는 여러 변화들이 나타나고 있었어. 강한 권력을 휘두르던 교황의 권위는 약해졌고, 장원은 차츰 해체되어 갔지. 반면, 서로마 제국 멸망 이후 한동안 찾아보기 힘들었던 도시들이 성장하기 시작했어. 세상이 이렇게 변하자 사람들의 생각도 바뀌기 시작했지.

"지금까지는 교회에서 하는 말씀이 정답이라고 생각하고 살았는데, 정말 그럴까?"

이런 생각은 상공업이 발달한 이탈리아 북부의 도시에서 두드러졌어. 이탈리아 북부에는 피렌체나 베네치아 등 십자군 전쟁 이후로 성장한 도시들이 많았지. 이 도시의 상공업자들은 귀족 출신은 아니었지만 엄청난 부를 축적한 사람들이었어. 이들은 자신의 재산을 새로운 학문 연구나 예술 활동에 지원했지.

새로운 학문 연구와 예술 활동에 자극을 준 또 다른 사건이 있었어. 바로 오스만 제국이 비잔티움 제국을 무너뜨린 사건이야. 이때 비잔티움 제국의 많은 학자들이 이탈리아로 건너왔어. 비잔티움 제국은 고대 그리스와 로마 제국의 문화를 마지막까지 지킨 곳이기도 했지. 이들이 전한 그리스와 로마의 문화는 서유럽 사람들에게 큰 자극이 되었어.

고대 그리스와 로마의 학자들은 지구의 크기를 계산하기도 하고, 지구의 둥근 모양도 알았어. 인체의 각 기관에 대한 연구도 하고, 우리 눈에 가장 아름답게 보이는 비율에 대해 고민하기도 했지.

천 년 가까운 시간 동안 유럽 사람들의 관심은 오직 크리스트교의 신이었어. 예술의 대상도 신과 종교밖에 없었지. 그런데 이런 생각이 변하기 시작한 거야!

이탈리아의 도시 피렌체를 중심으로 많은 예술가가 등장해서 놀라운 작품을 선보였지. 여전히 작품의 주제는 『성서』에 등장하는 이야기들이었지만, 같은 장면이라도 전혀 다른 방식으로 표현했어.

보티첼리, 레오나르도 다빈치, 미켈란젤로, 라파엘로 같은 위대한 예술가들이 바로 이때 활약한 사람들이야. 이들의 작품을 보면 이전 작품들과 달리, 고대 그리스와 로마의 작품과 비슷하다는 느낌을 받게 돼.

예전에는 예수나 성모 마리아를 보통 사람들보다 크게 그려 신성함을 드러냈어. 그런데 이 시기에는 마치 눈에 보이는 것처럼 인물들을 그리기 시작했지. 신체 비율도 실제 사람과 비슷하게 그렸어. 또 멀리 있는 대상은 작게 그리고, 가까이 있는 것은 크게 그리는 원근법도 이때 만들어진 거야.

▼ **비너스의 탄생**
보티첼리의 그림이야. 비너스는 그리스 로마 신화에 나오는 여신이지. 사람의 알몸을 그리거나 조각하는 것도 르네상스 시대의 특징이지.

14~16세기 유럽에 나타난 새로운 문화 흐름을 **르네상스**라고 해. 르네상스는 부활이라는 뜻인데, 그리스와 로마의 문화가 부활한 것처럼 보여서 그런 이름을 붙인 거야. 그렇지만 단순히 그리스 로마 문화의 부활은 아니었어. 신 중심에서 인간 중심으로 유럽 사람들의 생각이 바뀌고 있음을 보여주는 큰 사건이었지.

▲ 모나리자
레오나르도 다빈치가 그린 '모나리자'도 르네상스 시기를 대표하는 작품이야.

르네상스는 이탈리아를 벗어나 알프스산맥 북쪽의 독일, 프랑스 지역으로 퍼져 나갔어. 프랑스 북부 지역과 네덜란드, 벨기에 등이 위치한 지역은 이탈리아 도시들 못지않게 상공업이 발달한 지역이었지. 이 지역 상공업자들의 후원으로 알프스 북쪽에도 르네상스의 흐름이 퍼지게 되었어.

"그림이 살아 있는 것 같군. 나도 예술가들을 후원해서 저런 작품을 갖고 싶어."

그런데 알프스 북쪽의 르네상스는 이탈리아의 르네상스와는 조금 다른 모습을 보였지. 알프스 북쪽 지역에서는 현실의 사람들을 주제로 예술 작품을 만들었어. 상공업자의 초상화를 그린다든가, 농민들의 모습을 그리는 등 그림의 주제까지도 바뀐 거야.

현실의 모습을 주제로 하면서 교회에 대한 비판 의식도 커졌어. 교회의 가르침에 대해 의심을 품는 데서 나아가 교회가 잘못됐다고 주장하는 사람들까지 나오기 시작했지. 르네상스는 새로운 시대의 막을 연 사건이었단다.

다비드상이다!

만든 사람 미켈란젤로

팔목의 힘줄까지 생생하게 표현했네~ 진짜 사람 같아!

용선생의 한 줄 정리
이탈리아를 시작으로 인간 중심의 문예 활동인 르네상스가 일어났어.

• 유럽이 새로운 세상에 눈을 뜨다

종교 개혁에 불씨를 댕긴 마르틴 루터

▲ 면벌부 판매

르네상스가 유럽 곳곳으로 전해지며 교회에 대한 비판도 점차 커졌어. 교회는 원래 크리스트교 믿음을 가진 사람들이 모여 함께 종교 활동을 갖는 곳이었지만, 막대한 부와 권력을 가지면서 부패하기 시작했지. 16세기 무렵 교회는 오직 돈을 버는 데만 눈이 벌게져 있었어.

당시에 교회가 돈을 버는 대표적인 방법은 **면벌부** 판매였어. 면벌부는 죽은 뒤에 받을 벌을 면제해 준다는 증명서였어. 그러니까 교회에 돈을 내면 죽어서 구원 받을 수 있다는 말이었지. 말도 안 되는 소리였지만, 당시 대부분의 사람은 『성서』를 읽을 수가 없어서 교회에서 하는 말을 믿을 수밖에 없었어. 『성서』는 라틴어로만 썼는데, 이걸 읽을 수 있는 사람은 성직자들 외에는 거의 없었거든.

> **질문 있어요!**
>
> **라틴어가 뭐예요?**
>
> 라틴어는 로마 제국에서 쓰던 언어야. 로마 제국이 멸망하고 나서는 성직자들만 읽고 쓸 수 있는 말이 되었지. 라틴어는 오늘날 이탈리아어의 뿌리가 되었고, 영어, 프랑스어 등 유럽 여러 나라의 언어에 큰 영향을 미쳤단다.

"여러분, 면벌부를 사야 돌아가신 부모님도 천국으로 가고 여러분도 천국으로 갈 수 있습니다."

"교회에서 사라고 하니 사는 수밖에…."

이런 상황을 안타깝게 바라보던 사람이 있었어. 독일 지역의 성직자 **루터**였지. 루터는 돈을 벌기 위해 면벌부를 판매하는 교회를 강하게 비판했어.

부패한 성직자를 믿지 마세요! 오직 성서만이 진리입니다!

"면벌부를 사야만 구원을 받을 수 있다는 교회의 말은 잘못되었습니다! 누구나 하느님을 믿고 진심으로 자신의 죄를 뉘우치기만 하면 천국에 갈 수 있습니다!"

1517년, 루터는 교회의 정문에 타락한 교황과 교회를 비판하는 글을 내걸었어. 총 95가지 항목으로 교회의 타락한 모습을 정리한 이 글을 「95개조 반박문」이라고 불러. 「95개조 반박문」은 전 유럽으로 순식간에 퍼져 나갔지.

"성서 어디에도 면벌부 이야기는 없는데, 사람들은 교회의 말만 믿고 있구나. 사람들이 직접 읽을 수 있게 성서를 독일어로 번역해야겠어!"

루터는 『성서』를 독일어로 번역해서 누구나 쉽게 읽을 수 있는 『성서』를 만들었어. 『성서』는 사람들에게 빠르게 보급되었고, 직접 『성서』를 읽은 사람들은 교회에 대해 더욱 비판적으로 생각하기 시작했지.

"성직자들의 말이 거짓말이었어. 우리가 믿는 것은 하느님이지 타락한 성직자들이 아니야!"

루터를 시작으로 전 유럽에 ★교과서 핵심어 **종교 개혁** 열풍이 불었어. 종교 개혁은 타락한 교회와 성직자들을 개혁해야 한다는 움직임이었지. 머지않아 유럽에서는 기존의 가톨릭교회와 교황을 따르지 않는 크리스트교인들이 생기기 시작했어. 이들을 신교라고 해. 이제 유럽은 가톨릭을 믿는 나라와 신교를 믿는 나라로 나뉘게 되었지.

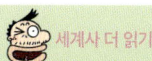 세계사 더 읽기

종교 개혁은 인쇄술과 종이 덕분?

종교 개혁의 속도를 높인 건 중국에서 전해진 인쇄술과 종이였어. 독일의 구텐베르크는 목판 인쇄에서 더 나아가 금속 활자를 발명했지. 덕분에 종교 개혁은 전 유럽으로 빠르게 전파되었어.

 곽두기의 용어 사전

신교
종교 개혁으로 만들어진 여러 종파를 신교라고 해. 신교와 구분해서 기존의 가톨릭은 구교라고 부르기도 하지.

 **용선생의 한 줄 정리**
루터의 종교 개혁으로 신교가 나타나 가톨릭과 대립했어.

유럽을 뒤흔든 종교 갈등

"교황님의 가르침을 따르지 않는 사람들은 진정한 크리스트교인이 아니다! 신교도는 물러가라!"

"우리 신교는 타락한 교회는 따르지 않겠다! 우린 오직 성서의 가르침만을 따를 뿐이다!"

종교 개혁 이후 유럽 사람들은 종교에 따라 둘로 나뉘어 싸우게 되었어. 기존의 교회를 지지하는 가톨릭과 종교 개혁 이후 새롭게 등장한 신교 사이의 갈등이었지.

수십 년간의 갈등이 마침내 독일 지역에서 폭발했어. 독일 지역은 신성 로마 제국의 황제와 제후들이 다스리는 여러 개의 나라들이 있었지. 그런데 신성 로마 제국의 황제가 신교를 금지하고 가톨릭을 강요한 거야. 신교를 믿는 제후국들은 당연히 반발할 수밖에 없었지.

"지금부터 신교를 믿는 사람들은 재산을 몰수당할 것이고, 추방될 것이다!"

"가톨릭만 강요하는 황제를 받아들일 수 없다. 우리는 황제를 인정하지 않겠다!"

결국 1618년, 종교 문제로 전쟁까지 일어나고 말았어. 독일 지역에서 일어난 이 전쟁에 유럽의 각국도 끼어들었지. 신교를 믿는 나라와 가톨릭을 믿는 나라들이 독일 지역에서 무려 30년에 걸쳐 전쟁을 치렀어. 이 전쟁을 **30년 전쟁**이라고 해.

가톨릭을 믿는 국가들은 가톨릭을 위해, 신교를 믿는 국가는 신교를 위해서 힘을 합쳤지. 북유럽의 덴마크와 스웨덴은 신교를 지원했어. 또 에스파냐는 전통적으로 가톨릭의 보호자를 자처했기 때문에 가톨릭을 지원했지.

질문 있어요!

신교는 루터파 교회만 있는 건가요?

루터 이후에 종교 개혁이 잇따라 일어나면서 여러 종류의 교회가 만들어졌어. 루터파 외에도 칼뱅파 교회, 영국의 성공회 등이 있어. 우리나라에서 신자가 많은 장로교와 감리교 교회 모두 신교 교회야.

그런데 전쟁이 길어지면서 전쟁의 성격이 점점 변질되었어. 종교와 상관없이 그저 영토를 넓히기 위해 전쟁에 참여한 나라들도 있었거든. 프랑스는 가톨릭 국가였지만 독일 지역으로 영토를 넓히기 위해 가톨릭 국가인 신성 로마 제국을 공격했지.

길고 긴 30년간의 전쟁은 1648년 마침내 신교 편의 승리로 끝났어. 전쟁의 주요 무대였던 독일 지역은 땅이 황폐화되고 인구도 크게 줄었지. 전쟁에 패배한 신성 로마 제국의 황제와 가톨릭의 힘도 약해질 수밖에 없었어.

전쟁에 참가한 국가들은 베스트팔렌이라는 지역에서 평화 조약을 맺었는데, 이 조약을 **베스트팔렌 조약**이라고 불러. 이 조약에서 신교와 가톨릭이 동등한 권한을 갖는다는 점을 확실하게 못 박았지. 이후에도 종교 갈등이 계속되긴 했지만 종교의 자유로 가는 큰 걸음을 내딛게 된 거야.

용선생의 한 줄 정리

종교 개혁 이후 신교와 가톨릭으로 나뉘어 갈등하던 유럽 나라들은 30년 동안이나 전쟁을 치렀어.

베스트팔렌 조약 이후의 유럽

전쟁에서 승리한 신교 국가들이 큰 이득을 보았어. 네덜란드나 스위스처럼 새롭게 독립한 나라도 있었고, 신교 편에 섰던 프랑스는 많은 영토를 얻어 유럽 최강국이 되었지.

30년 전쟁 이전 가톨릭과 신교

새로운 항로의 개척

"아시아에서 들여온 향신료입니다!"

십자군 전쟁 이후 유럽 시장에는 아시아의 물건들이 많이 소개됐어. 이슬람 세력과 접촉하면서 향신료, 비단 등이 인기를 끌게 되었지. 그중에서도 가장 인기가 많았던 것은 후추였어. 후추는 고기 냄새를 잡아줄 뿐만 아니라 음식의 맛도 좋게 해. 고기를 많이 먹는 유럽 사람들에게는 정말 고마운 양념이었지.

하지만 후추가 나는 곳은 머나먼 아시아의 인도와 그 주변 나라뿐이었어. 당시의 유럽인들은 유럽과 아시아 사이의 오스만 제국을 통해서만 후추를 구할 수 있었지. 덕분에 후추 가격은 아주 비싸서 같은 무게의 금과 비슷할 정도였다고 해! 지금은 가게에서 몇천 원이면 살 수 있는 후추가 당시에는 수백만 원에 거래된 셈이야.

"오스만 제국을 거치지 않고 후추를 살 수 있는 방법은 없을까?"

15세기 이후 유럽 상인들은 직접 아시아로 가서 값진 향신료를 가져올 방법을 고민했어. 그리고 이러한 고민은 새로운 **항로**를 찾는 노력으로 이어졌지. 이런 노력을 **신항로 개척**이라고 해. ★교과서 핵심어

신항로 개척에 가장 앞장선 나라는 포르투갈이었어. 15세기까지 유럽 무역의 중심지는 지중해였지. 하지만 포르투갈은 지중해 바깥쪽에 있어서 무역에 참가하기 어려웠어. 포르투갈은 지중해를 통하지 않는 새로운 무역 길이 반드시 필요했던 거야.

"아프리카 대륙을 돌아 인도로 갈 수 있지 않을까?"

포르투갈은 왕자 **엔히크**의 지원 아래 미지의 세계였던 아프리카 대륙의 남쪽으로 항해를 시작했어. 이전에 가본 적 없는 새로운 곳

곽두기의 용어 사전

항로
배가 다니는 바닷길을 말해. 비행기가 발명된 이후에는 비행기가 다니는 길을 '항로'라고 해.

으로의 항해는 목숨을 건 위험한 일이었어. 하지만 나침반을 사용하는 항해 기술이나 배를 튼튼하게 만드는 기술이 발전하면서 포르투갈 사람들은 점점 더 먼 곳까지 항해할 수 있게 되었지. 사람들은 엔히크에게 '항해왕'이라는 별명도 붙여 주었어.

포르투갈이 인도로 가는 항로를 거의 개척했을 무렵, 이웃 나라 에스파냐 궁전에 한 탐험가가 찾아왔어.

"폐하, 포르투갈은 남쪽으로 아프리카를 빙 돌고 있지만, 저에게는 더 좋은 방법이 있습니다."

에스파냐의 이사벨 여왕 앞에 등장한 이 인물은 **콜럼버스**였어. 당시에도 지구가 둥글다는 사실은 어느 정도 알려져 있었지. 콜럼버스는 지구가 둥글기 때문에 유럽에서 곧장 서쪽으로 대서양을 가로지

▲ 발견 기념비(포르투갈 리스본)

맨 앞에 배 모형을 들고 앞을 보는 사람이 바로 엔히크 왕자야. 엔히크 왕자 뒤로는 바스쿠 다 가마, 마젤란 등 내로라하는 포르투갈 탐험가들이 함께 조각되어 있지.

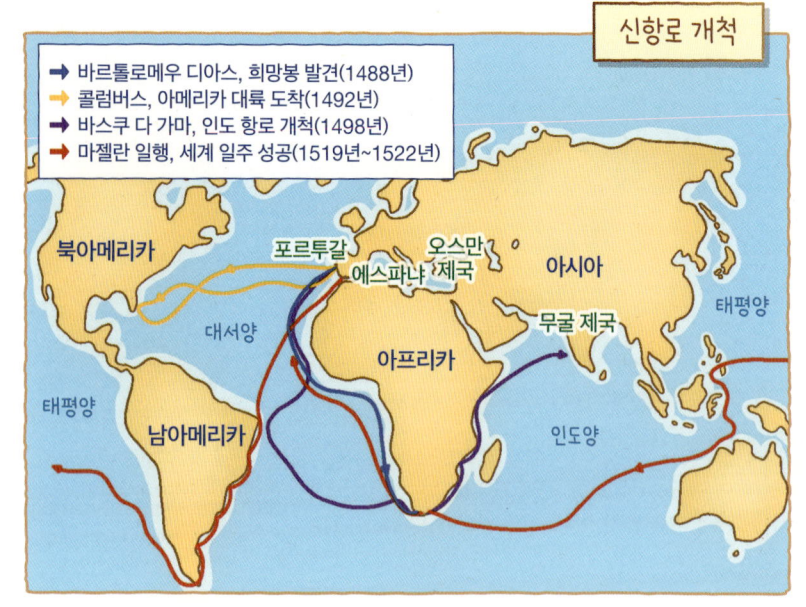

르면 포르투갈보다 먼저 인도에 도착할 수 있다고 여왕을 설득했어. 아직 아메리카 대륙의 존재를 몰랐기 때문에, 대서양만 건너면 바로 아시아의 동쪽 끝에 다다를 수 있을 거라고 생각한 거야.

1492년, 여왕의 지원을 받은 콜럼버스는 3척의 배를 이끌고 대서양을 건너 아메리카 대륙에 도착했어. 비록 콜럼버스가 찾아 헤맨 인도는 아니었지만, 아메리카로 가는 새로운 항로를 발견한 거지.

이후에도 새로운 항로를 개척하려는 유럽인들의 노력은 멈추지 않았어. 포르투갈은 마침내 아프리카를 돌아 인도에 도착하는 데 성공했지. 이제 아시아의 향신료를 직접 수입해 올 수 있게 된 거야.

에스파냐는 아메리카 방향으로 계속 신항로를 개척했어. 에스파냐 왕실은 포르투갈 출신의 탐험가 **마젤란**의 항해를 후원했어.

1522년, 마젤란의 함대가 서쪽으로 대서양을 건너 아메리카 대륙, 태평양, 인도를 거쳐 에스파냐로 돌아오는 데 성공했지! 비록 마젤란은 항해 도중 목숨을 잃었지만, 그의 함대가 최초로 세계 일주에 성공하면서 유럽 사람들은 세계 어느 곳이든 갈 수 있다는 자신감을 얻게 되었어.

>  **용선생의 한 줄 정리**
> 유럽인들은 향신료를 얻기 위해 신항로를 개척하며 세계 곳곳으로 진출했어.

신항로 개척의 결과

신항로 개척 이후 차츰 무역의 중심지가 변했어. 유럽 무역의 중심지였던 지중해는 오스만 제국이 차지하고 있어 크리스트교 국가인 유럽 나라들은 이용하기가 불편했지. 대신 유럽인들은 대서양으로 나가 아시아, 아프리카, 아메리카의 여러 지역과 무역해 큰 이득을 볼 수 있게 되었어. 자연스럽게 대서양으로 나가기 좋은 위치에 있는 포르투갈, 에스파냐, 영국 같은 나라들이 발전하기 시작했지.

특히 신항로 개척에 앞장섰던 포르투갈과 에스파냐는 큰돈을 벌었어. 포르투갈은 아시아에서 후추를 비롯해 여러 향신료와 차 등 특산물을 싣고 와서 수십 배의 가격으로 팔았어. 또 에스파냐는 아메리카 대륙에 식민지를 만들어 대농장을 짓고, 금과 은을 캐내는 광산을 만들었지.

이런 변화로 유럽은 경제가 크게 성장했어. 경제가 성장하면서 **주식회사** 같은 새로운 제도도 만들어졌지. 또 아메리카 대륙에서 감자나 옥수수 같은 새로운 농작물들이 유럽으로 전해져 농민들의 기근을 해결하는 데 도움이 되었어.

하지만 신항로 개척은 아메리카와 아프리카 사람들에게 큰 불행을 가져왔어.

"공격! 모두 총을 쏘아라!"

"으악! 번개를 쏘는 막대기다! 모두 도망가자!"

아메리카 대륙에 진출한 유럽인들은 자신들의 이익을 위해 아메리카 원주민들을 학살했어. 아메리카 대륙에는 아스테카, 잉카 제국 등의 원주민 국가들이 있었지만, 총을

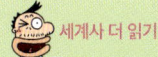

세계사 더 읽기

주식회사가 뭘까?!

무역은 큰 이익을 볼 수 있지만, 배가 침몰하면 크게 손해를 볼 수도 있었어. 그래서 여러 사람이 돈을 투자해서 위험도 함께 부담하는 제도가 만들어졌지. 이게 바로 주식회사 제도야. 주식회사 제도는 투자 받은 돈으로 기업이 더 큰 사업에 도전할 수 있게 만들어서, 이후 유럽의 경제가 성장하는 데 큰 역할을 했어.

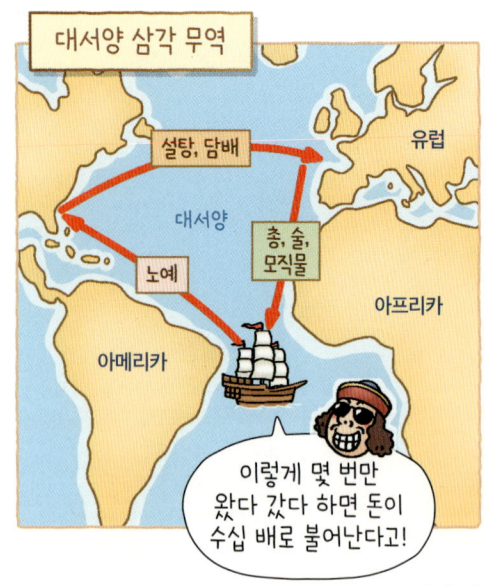

든 유럽인을 막기는 어려웠지.

게다가 유럽인들과 함께 병균도 함께 옮겨 왔는데, 아메리카 원주민들은 면역력이 전혀 없어 수많은 사람이 목숨을 잃었어. 살아남은 원주민들은 대농장이나 광산에 끌려가 일을 해야만 했지.

원주민이 죽어 인구가 줄어들자, 유럽 상인들은 아프리카의 흑인 노예를 사 와서 노동력으로 활용했어. 당시 유럽인들은 아메리카 원주민이나 아프리카 흑인을 사람 취급조차 하지 않았지.

"어차피 노예들이다! 발 디딜 틈 없이 빼곡하게 태워!"

아프리카에서 아메리카로 가는 배에는 흑인들이 짐처럼 가득 실렸고, 많은 수가 배에서 목숨을 잃었어. 살아남아 아메리카 대륙에 도착한 후에도 비참한 생활을 해야 했지.

대서양을 중심으로 유럽과 아프리카, 아메리카 이렇게 세 곳을 연결하는 무역망이 만들어졌어. 유럽에서 옷감이나 무기 등을 가지고 아프리카에 가서 팔고, 여기서 노예를 사서 아메리카로 가지. 아메리카에서는 농장이나 광산에 노예를 팔고 대신 사탕수수나 담배 같은 작물, 광산에서 캐낸 금은을 싣고 유럽으로 돌아와서 파는 거야. 이렇게 세 대륙을 연결한 무역을 **대서양 삼각 무역**이라고 해.

신항로 개척으로 유럽인들은 막대한 부를 얻었어. 하지만 아메리카 대륙은 문명이 몰락하고 아프리카 사람들은 노예의 삶을 살게 되었단다.

용선생의 한 줄 정리

신항로 개척으로 대서양 삼각 무역이 형성됐지만, 이 과정에서 아메리카 원주민과 아프리카 흑인들이 큰 희생을 겪었어.

수재의 세계사 노트

유럽의 변화	도시의 발달	① 상공업자들이 성장해 도시를 직접 다스리고 길드를 조직 ② 한자 동맹이 북유럽 지역의 교역을 독점
	장원의 쇠퇴	① 14세기 흑사병 유행으로 인구가 크게 감소 ② 장원에서 일할 인구의 감소로 장원이 점차 해체
르네상스와 종교 개혁	르네상스	① 이탈리아에서 인간 중심의 문화 운동인 르네상스가 시작 (14세기) ② 알프스 이북의 르네상스는 현실과 교회를 비판
	종교 개혁	① 루터가 면벌부 판매에 반발해 「95개조 반박문」을 발표 (1517년) ② 종교 개혁으로 신교가 등장해 교황을 지지하는 가톨릭과 대립 ③ 30년 전쟁 이후 베스트팔렌 조약을 맺어 신교를 인정 (1648년)
신항로 개척	신항로 개척의 전개	① 유럽의 상인들이 아시아와 직접 교역하기 위해 신항로 개척에 나섬 ② 포르투갈은 아프리카를 돌아 인도로 가는 항로 개척 ③ 에스파냐는 대서양을 건너 아메리카로 가는 항로 개척
	신항로 개척의 결과	① 유럽의 경제가 크게 성장 ② 유럽인들이 아메리카 원주민을 학살하고, 아프리카의 흑인들을 노예로 팖 ③ 유럽과 아프리카, 아메리카를 잇는 대서양 삼각 무역 형성

세계사 능력 시험

✓ 시험에 잘 나와!

01 다음 영상을 보고 난 반응으로 알맞지 <u>않은</u> 것은 무엇일까? ( )

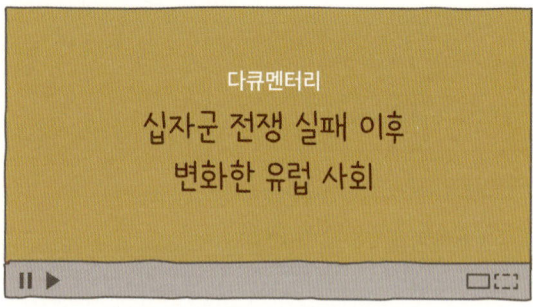

① 교황과 영주가 힘을 잃었어요.
② 상공업자들이 길드를 조직했어요.
③ 도시의 상공업자들이 크게 성장했어요.
④ 장원에서 일하는 농민들이 크게 늘어났어요.

02 (가)에 들어갈 내용으로 알맞은 것은 무엇일까? ( )

세계사 정리 노트
이탈리아와 알프스 이북의 르네상스

	이탈리아	알프스 이북
특징	인간 중심의 문화 발달	(가)

① 동양 문화와의 융합
② 신 중심의 문화 발달
③ 이슬람 문화와의 융합
④ 현실과 교회에 대한 강한 비판

03 (가) 문화 운동에 대한 설명으로 알맞지 <u>않은</u> 것은 무엇일까? ( )

이 작품은 ___(가)___ 의 대표적인 예술가 미켈란젤로의 '피에타'예요. 십자가에 못 박혀 죽은 그리스도가 어머니인 성모 마리아의 무릎에 놓인 모습이 조각되어 있어요.

① 이탈리아에서 시작되었어요.
② 인간을 중요하게 생각했어요.
③ 소와 갠지스강을 신성시했어요.
④ 고대 그리스·로마 문화의 영향을 받았어요.

04 다음 인물에 대한 설명으로 알맞은 것은 무엇일까? ( )

나는 「95개조 반박문」을 써 교회를 비판하였소!

① 이슬람교를 만들었어요.
② 성상 파괴령을 내렸어요.
③ 면벌부 판매를 비판했어요.
④ 지구가 태양 주위를 돈다고 주장했어요.

05 밑줄 친 '전쟁'에 대한 설명으로 알맞은 것은 무엇일까? (　　)

> **세계사 신문**
>
> 〈속보〉 베스트팔렌 조약 체결!
>
> 10월 24일 베스트팔렌에서 조약이 체결됨에 따라 30년간 지속되었던 전쟁이 끝을 맺었다. 이번 조약의 체결로 가톨릭과 신교가 동등한 권한을 갖게 되었다.

① 카르타고가 패배했어요.
② 종교 문제로 일어난 전쟁이에요.
③ 페르시아 지역에서 일어난 전쟁이에요.
④ 예루살렘을 차지하기 위해 일어난 전쟁이에요.

06 밑줄 친 '저 나라'에 대한 설명으로 알맞은 것은 무엇일까? (　　)

> 프랑수아 1세 폐하께
>
> 저 나라는 일찍이 콜럼버스를 앞세워서 새로운 항해 개척을 주도하며 위세를 떨쳐 왔습니다. 그런데 제가 저 나라의 배 세 척을 붙잡았는데, 두 척에는 금과 은이 가득했습니다. (…)
>
> 조반니 다 베라차노 올림

① 마젤란의 항해를 지원했어요.
② 후추가 특산품으로 유명해요.
③ 르네상스가 가장 먼저 시작되었어요.
④ 인도로 가는 항로를 가장 먼저 개척했어요.

07 (가)와 (나)에 해당하는 인물을 바르게 짝지은 것은 무엇일까? (　　)

	(가)	(나)
①	마젤란	엔히크
②	엔히크	콜럼버스
③	콜럼버스	마젤란
④	콜럼버스	엔히크

08 다음 무역이 이루어지던 시기에 대한 설명으로 알맞지 <u>않은</u> 것은 무엇일까? (　　)

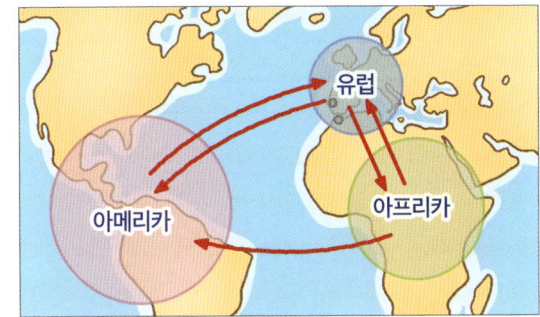

① 대서양이 무역의 중심지가 되었어요.
② 아메리카 원주민의 인구가 증가했어요.
③ 에스파냐가 아메리카 대륙에 식민지를 두었어요.
④ 유럽에 아메리카 대륙의 감자, 옥수수 등이 전해졌어요.

진정한 르네상스인, 레오나르도 다빈치

레오나르도 다빈치는 이탈리아 르네상스를 대표하는 인물이야. 르네상스 시대 예술가들은 어느 한 분야에서만 전문가였던 게 아니라, 여러 분야에 전문가들이 많았어. 레오나르도 다빈치 역시 그림뿐만 아니라 과학, 건축, 토목, 수학, 음악 등에 이르기까지 다양한 분야에서 천재성을 발휘했어. 그래서 그를 진정한 르네상스인이라고 한단다.

한눈에 보는 세계사 연표

연도	유럽·아메리카	인도·서아시아·아프리카	동아시아	우리나라
		기원전 8,000년 무렵 농경 시작		
		기원전 3500년 메소포타미아 문명 발생		
		기원전 3000년 이집트 문명 발생		
		기원전 2500년 인도 문명 발생	기원전 2500년 중국 문명 발생	기원전 2333년 고조선 건국
			기원전 1046년 주 무왕, 상나라 멸망시킴	
-1000			기원전 770년 중국 춘추 전국 시대 시작	
	기원전 753년 로마 건국			
		기원전 550년 페르시아 건국		
-500	기원전 490년 마라톤 전투	기원전 500년 무렵 불교 등장		
	기원전 330년 알렉산드로스, 페르시아 정복	기원전 3세기 무렵 마우리아 왕조, 인도 통일		
-300			기원전 221년 진나라, 중국 통일	
	기원전 264년 포에니 전쟁 시작		기원전 202년 한나라 건국	
			기원전 139년 장건, 서역 파견	기원전 108년 고조선 멸망
				기원전 57년 신라 건국
	기원전 27년 제정 로마 시작			기원전 37년 고구려 건국 기원전 18년 백제 건국
1		30년 쿠샨 왕조 건국		
		226년 사산 왕조 페르시아 건국	220년 중국 삼국 시대	
300	313년 로마, 크리스트교 공인	320년 굽타 왕조 건국		371년 근초고왕, 고구려 평양성 공격
	476년 서로마 제국 멸망			433년 신라와 백제 동맹
				553년 신라의 한강 유역 점령

세계 최초로 문명이 발생한 곳은 어디일까?

연도	유럽·아메리카	인도·서아시아·아프리카	동아시아	우리나라
600		622년 무함마드, 메디나로 옮겨 감	605년 수 양제, 대운하 공사 시작	612년 살수대첩
		632년 이슬람 제국 성립	630년 당나라 태종, 돌궐 정복	660년 백제 멸망 668년 고구려 멸망
				676년 신라 삼국 통일 698년 발해 건국
	726년 성상 파괴령	762년 이슬람 제국, 바그다드로 수도 옮김	755년 안사의 난	
800	800년 카롤루스 대제, 서로마 황제 즉위			
			960년 송나라 건국	918년 고려 건국 936년 후삼국 통일
1000		1055년 셀주크 튀르크, 바그다드 입성		1019년 귀주 대첩
	1077년 카노사의 굴욕			
	1096년 십자군 전쟁 시작			
			1127년 남송 건국	1170년 무신 정변
1200			1206년 칭기즈 칸, 몽골 부족 통일	1232년 몽골 침입, 강화 천도
			1279년 쿠빌라이 칸, 남송 정복	
			1368년 명나라 건국	1392년 조선 건국
1400			1405년 정화의 원정 시작	1443년 훈민정음 창제
		1453년 오스만 제국, 콘스탄티노폴리스 점령		
	1492년 콜럼버스, 아메리카 도착			1485년 『경국대전』 완성
1500	1517년 루터, 「95개조 반박문」 발표			
	1522년 마젤란 함대, 세계 일주	1526년 인도 무굴 제국 건국		
				1592년 임진왜란
1600			1616년 누르하치, 후금 건국	1623년 인조반정
				1636년 병자호란
	1648년 베스트팔렌 조약	1653년 타지마할 완공		

> 아라비아반도는 대부분이 사막 지역인데, 사람들은 어떻게 살았던 걸까?

정답 및 해설

1-1 세계의 선사 문화와 고대 문명

정답 30~31쪽

1 ④ 2 ① 3 ④ 4 ③ 5 ①
6 ② 7 ② 8 ④

1. (라)는 오세아니아 대륙이야. 오스트레일리아, 뉴질랜드를 포함해 남태평양 지역의 여러 섬들로 이루어져 있어.

2. 농사를 짓고 움집에서 살며, 돌을 갈아 도구를 만들던 때는 신석기 시대야. ① 이동 생활을 한 건 구석기 시대 사람들이지.

3. 쐐기 문자를 사용한 문명은 메소포타미아 문명이야.

4. 바빌로니아의 왕으로 메소포타미아 지역 도시 대부분을 통일하고, 도시마다 서로 다른 법을 통일하기 위해 법전을 만든 (가)는 함무라비왕이야.

5. 나일강에 있었고 피라미드를 만든 문명은 이집트 문명이야. 이집트 문명에서 왕인 파라오가 죽으면 미라를 만들었지.

6. 모헨조다로가 있던 인도 문명은 인더스강 유역에서 발생했어. 상업이 크게 발달해 메소포타미아 사람들과 교류도 했지. ② 이집트 문명에 대한 설명이야.

7. 사진의 유물은 갑골문이야. 갑골문을 남긴 중국 최초의 나라, 상나라는 황허강 유역에서 발달했지.

8. (가)는 이집트 문명, (나)는 메소포타미아 문명, (다)는 인도 문명, (라)는 중국 문명이야.

1-2 중국을 통일한 진나라와 한나라

정답 50~51쪽

1 ③ 2 ④ 3 ① 4 ③ 5 ②
6 ③ 7 ③ 8 ③

1. 왕이 제후에게 땅을 주고, 제후가 왕에게 충성을 바치는 주나라의 제도는 봉건제야.

2. 주나라가 약해지자 제후들이 서로 나라를 차지하겠다고 다툼을 벌였어. 이렇게 끊임없이 전쟁을 치르던 혼란스러운 시기를 춘추 전국 시대라고 해.

3. 예의를 중요하게 여긴 (가)는 공자, 자연의 순리를 강조한 (나)는 노자야. 모두 춘추 전국 시대에 활동했던 제자백가들이지.

4. 상앙이 만든 강력한 법으로 나라를 다스린 건 진나라야.

5. 중국 최초로 황제 칭호를 사용한 왕은 진나라의 시황제야. ② 봉건제는 주나라에서 실시한 제도이지.

6. 항우와 대립한 유방이 세운 나라는 한나라야. 진나라가 무너진 이후 한나라는 중국을 다시 통일했지.

7. 한나라의 전성기를 이끈 무제는 영토를 크게 넓히고, 유교로 나라를 다스려 백성들의 마음을 모았어.

8. 장건이 서역에 다녀온 길을 따라 개척된 길은 비단길이야. ③ 비단길은 주나라가 아니라 한나라 무제 때 만들어진 길이야.

1-3 페르시아와 그리스의 대결

정답 70~71쪽

1 ① 2 ① 3 ① 4 ③ 5 ①
6 ④ 7 ④

1. 서아시아를 통일한 페르시아의 키루스왕은 자신의 종교를 다른 민족들에게 강요하지 않고, 종교와 전통을 존중하는 관용 정책을 펼쳤지.

2. ① 페르시아의 키루스왕은 동아시아가 아니라 서아시아 지역을 통일했어.

3. 폴리스의 높은 언덕인 아크로폴리스에는 군사 요새와 신전이 있었어. 아고라는 폴리스의 광장으로 물건을 사고파는 시장이면서 나랏일을 의논하는 회의장이 되기도 했지.

4. 아테네의 민주 정치에 여자나 노예, 어린아이들은 참여할 수 없었어. 20세 이상의 남자들만 정치에 참여할 수 있는 시민으로 대우받았지.

5. 아테네가 그리스의 마라톤 평원에서 페르시아와 싸운 전투는 마라톤 전투야. 이때 아테네가 승리를 거두었지.

6. 마케도니아의 왕으로 페르시아와 이집트, 인도 서북부 등을 정복하며 대제국을 세운 사람은 알렉산드로스야.

7. 헬레니즘 문화는 알렉산드로스 제국이 세워지고 그리스와 서아시아의 문화가 만나 생긴 문화야. ④ 알렉산드로스 제국에서 그리스 학자들은 페르시아 책을 그리스어로 번역하고 연구했지.

1-4 지중해 세계를 지배한 로마

정답 90~91쪽

1 ① 2 ④ 3 ② 4 ④ 5 ①
6 ④ 7 ③

1. 로마의 귀족들은 왕을 쫓아낸 뒤, 로마는 공화정을 실시했어. 왕 대신 집정관, 원로원 등이 나랏일을 했지. ① 봉건제는 중국 주나라의 제도야.

2. 로마와 카르타고가 싸운 전쟁은 포에니 전쟁이야. 이때 카르타고의 한니발 장군은 알프스산맥을 넘어 로마를 공격했어.

3. 카이사르는 귀족들에 맞서 군대를 일으켜 로마를 차지하고 독재관이 되었지. ③ 카이사르가 갈리아 지방을 정복한 건 그전에 있던 일이야.

4. 아우구스투스라는 칭호를 받은 건 옥타비아누스야. 옥타비아누스는 이집트를 점령하고, 모든 권력을 장악해 로마의 일인자가 되었어.

5. 로마의 대표적인 문화유산으로는 수도교가 있어. 수도교를 통해 흘러온 깨끗한 물은 로마 사람들의 생활수가 되었지.

6. 크리스트교는 로마 시대에 박해를 받았어. 이후 313년, 콘스탄티누스 황제 때에 이르러 인정받았지.

7. ⓒ 로마는 귀족들이 왕을 몰아낸 뒤 공화정이 들어섰어. 이후 ⊙ 포에니 전쟁에서 승리하며 지중해를 차지했지. 훗날 로마는 동과 서로 나뉘어졌는데, ⓒ 서로마 제국은 게르만족의 침입으로 멸망하게 되었어.

2-1 여러 종교가 어우러진 인도 문화

정답 112~113쪽

1 ①　2 ②　3 ④　4 ②　5 ①
6 ②　7 ④

1. 카스트 제도는 인도 북부 지역을 차지한 아리아인이 만든 신분 제도야. 아리아인이 브라만 등 높은 계급을 차지했지.

2. 싯다르타가 창시한 종교는 불교야. 마우리아 왕조의 아소카왕은 불교를 나라의 종교로 정하며 적극 장려했어.

3. 마우리아 왕조에서 부처의 가르침을 전국의 돌기둥에 새긴 왕은 아소카왕이야. ④ 알렉산드리아는 알렉산드로스가 자신의 제국 곳곳에 새로 세운 도시지.

4. 인도의 북부와 중앙아시아에 자리한 (가)는 쿠샨 왕조야. 쿠샨 왕조 때 많은 사람의 구제를 강조한 대승 불교가 크게 유행했어.

5. 브라만교가 힌두교로 새롭게 태어난 것은 굽타 왕조 때의 일이야.

6. (다) 아리아인은 인도 북부 지역을 차지하며 카스트 제도를 만들었어. 이후 여러 나라로 나뉜 인도를 (가) 마우리아 왕조의 아소카왕이 통일했지. 이어서 (나) 쿠샨 왕조가 등장해 대승 불교가 유행했어. 그리고 굽타 왕조 때 (라) 힌두교가 만들어져 크게 발전했어.

7. 힌두교는 굽타 왕조 때 만들어져 크게 발전했어. ④ 마우리아 왕종 때 크게 발전한 종교는 불교야.

2-2 당나라를 중심으로 형성된 동아시아 문화

정답 132~133쪽

1 ①　2 ④　3 ①　4 ③　5 ④
6 ④　7 ②　8 ②

1. 한나라가 멸망한 뒤, 중국의 남쪽과 북쪽에 여러 왕조가 세워졌다 망하는 걸 반복했던 위진 남북조 시대가 시작되었어.

2. 지도에서 남과 북을 이은 (가)는 대운하야. ④ 대운하 덕분에 남북 간 교류가 활발해졌지.

3. 당나라의 법인 율령에 따르면 당나라의 농민들은 전쟁이 나면 나라를 위해 싸워야 했어.

4. 장안성은 당나라의 수도에 세워진 성이야. 당나라는 돌궐 제국을 정복하며 거대한 제국이 되었지.

5. 동아시아 문화권의 공통 문화 요소로 불교, 유교, 한자, 율령 등이 있어. ④ 화폐는 나라마다 달랐지.

6. 왕권을 강화하기 위해 중국과 한반도에서 불교를 들여온 사람은 쇼토쿠 태자야. 그는 삼국의 학자들을 일본으로 초대해 선진 문화를 받아들이려고 했어.

7. 일본에서 국풍 문화가 유행할 때 한자를 변형해 만든 가나 문자가 만들어졌어.

8. 양 귀비는 당나라 황제 현종의 비야. 당나라의 수도 장안에는 신라, 발해 등 다양한 나라의 유학생들이 모여들었어.

2-3 이슬람 제국이 동서 교역을 장악하다

정답 (152~153쪽)

1 ① 2 ② 3 ④ 4 ④ 5 ①
6 ④ 7 ② 8 ①

1. 비잔티움 제국과 사산 왕조 페르시아의 전쟁으로 비단길이 막히자 아라비아반도가 새로운 동서 교역로로 떠올랐어.

2. 메카의 상인으로 이슬람교를 창시한 (가)는 무함마드야. 무함마드는 '알라'만이 유일신이라고 주장했어.

3. 이슬람교를 창시한 무함마드는 상인들의 탄압을 피해 메카에서 도망쳤어. 무함마드가 죽은 뒤 이슬람 제국의 지도자를 칼리프라고 했고, 칼리프는 점차 한 가문 안에서 세습하게 되었어.

4. ④ 칼리프 자리를 두고 다툼이 벌어진 끝에 특정한 한 가문이 칼리프 자리를 물려주며 세습하게 되었어.

5. 이슬람 제국이 당나라와 벌여 승리한 전투는 탈라스 전투야. ① 이슬람 제국은 탈라스 전투의 승리로 유럽 전체가 아니라 비단길이 있는 동서 교역로를 장악했어.

6. 이슬람 제국에서 가장 번성했던 도시로 동서 교역의 중심지였던 곳은 바그다드야.

7. ② 실용적인 문화를 엿볼 수 있는 수도교는 로마의 건축물이야.

8. 쿠란은 이슬람교의 경전이야. ① 이슬람교는 다양한 신이 아닌 '알라'만을 유일신으로 섬겨.

2-4 크리스트교와 유럽 문화

정답 (172~173쪽)

1 ④ 2 ③ 3 ① 4 ④ 5 ②
6 ③ 7 ④ 8 ②

1. 프랑크 왕국의 카롤루스 대제는 서유럽 대부분의 땅을 차지했어. ③ 프랑크 왕국은 게르만족 중 하나인 프랑크족이 세운 나라야.

2. 크리스트교 전파에 앞장서 교황에게 서로마 황제의 관을 받은 프랑크 왕국의 왕은 카롤루스 대제야.

3. 중세 서유럽의 봉건제에서 왕과 기사는 계약 관계로 맺어져 있었어. ① 왕과 친인척 관계였던 건 중국 주나라의 제후들이야.

4. 영주의 땅에서 농사짓는 대가로 영주의 땅에서 일하는 신분은 농노야. ④ 농노는 영주의 허락 없이 장원을 떠날 수 없었어.

5. 성직자 임명권을 두고 교황과 대립했던 신성 로마 제국 황제 하인리히 4세는 결국 교황에게 굴복했어. 그만큼 당시 교황은 막강한 권력을 휘둘렀지.

6. 비잔티움 제국의 황제가 내린 성상 파괴령에 서유럽 교회가 반발하며 크리스트교는 가톨릭과 정교회로 나뉘게 되었어.

7. 유럽과 아시아를 잇는 비잔티움 제국의 수도는 콘스탄티노폴리스야.

8. 십자군 원정이 실패하면서 전쟁을 주장했던 교황의 권위가 크게 떨어졌어.

3-1 유라시아 대륙을 지배한 몽골 제국

> **정답** 194~195쪽
>
> 1 ④   2 ③   3 ①   4 ③   5 ③
> 6 ②   7 ③   8 ②

1. 송나라를 세운 태조는 문치주의 정책을 펼치며 과거 시험을 정비했어. 가문에 상관없이 시험에 응시할 수 있게 하고, 황제가 직접 최종 합격자를 선발했지.

2. 유학을 공부하고 과거를 치러 송나라의 관리가 되었던 세력을 사대부라고 해.

3. 나침반과 화약을 발명한 나라는 송나라야. ① 중국을 최초로 통일한 나라는 시황제의 진나라지.

4. 남송 북쪽에 있던 (가)는 금나라야. 금나라는 송나라를 남쪽으로 쫓아내고 중국 북쪽을 차지했어.

5. 테무친은 몽골 부족을 통일한 뒤 칭기즈 칸으로 추대되었어. ①은 수 양제, ②는 진나라의 시황제, ④는 송 태조에 대한 설명이야.

6. 쿠빌라이 칸은 서역 사람들인 색목인을 등용한 뒤 원나라의 행정 실무를 맡게 했어.

7. 유라시아 대부분을 차지한 (가)는 몽골 제국이야. 쿠빌라이 칸이 남송을 정복한 뒤 몽골 제국은 원나라와 몇 개의 칸국으로 나뉘었어.

8. 수도가 대도이고 화폐로 교초를 쓴 나라는 원나라야. 원나라는 주요 교통로에 역참을 설치해 동서 교류가 활발해졌어.

3-2 중국 문화의 절정, 명나라와 청나라

> **정답** 214~215쪽
>
> 1 ②   2 ②   3 ④   4 ①   5 ③
> 6 ③   7 ④   8 ②

1. 명나라를 세운 뒤 독재 정치를 실시한 사람은 주원장(홍무제)이야.

2. 수도를 난징에서 베이징으로 옮기고, 몽골과 베트남을 공격한 황제는 영락제야. 그는 베이징에 자금성을 지었어.

3. 명나라의 정화는 영락제의 명령을 받아 일곱 차례 넘는 항해를 실시했어.

4. 무사들의 대표인 쇼군은 막부를 세워 나라를 다스렸어. 훗날 무사들은 쇼군 자리를 두고 100년 넘게 싸움을 벌였는데, 이 시기를 전국 시대라고 해.

5. 1592년 일본이 조선을 침입하며 일어난 (가)는 임진왜란이야. 임진왜란 이후 도쿠가와 이에야스가 권력을 잡고 에도 막부를 세웠지.

6. 청나라는 만주족이 세운 나라야. 여진족의 누르하치는 세력이 커지자 부족의 이름을 만주족으로 바꾸고 후금을 세웠는데, 훗날 후금은 청나라로 이름이 바뀌었지.

7. 청나라는 다수의 한족을 다스리기 위해 변발과 호복을 강요하고, 청나라를 비판하면 처형시키는 강압책을 펼쳤어.

8. 청나라의 수도는 베이징이야. ② 장안은 당나라의 수도야.

3-3 인도와 서아시아의 화려한 제국들

> **정답** 234~235쪽
>
> 1 ③ 2 ③ 3 ④ 4 ① 5 ②
> 6 ④ 7 ③ 8 ③

1. 칼리프에 의해 지도자가 술탄이 된 나라는 셀주크 튀르크야. 셀주크 튀르크는 바그다드로 들어와 칼리프를 위협하는 세력을 쫓아냈지.

2. 바그다드 주변을 장악한 셀주크 튀르크는 서쪽으로 진출해 비잔티움 제국의 땅이었던 아나톨리아반도를 차지했어.

3. 오스만 제국의 술탄으로 비잔티움 제국을 멸망시킨 사람은 메흐메트 2세야.

4. 콘스탄티노폴리스를 점령하고 밀레트 제도를 실시한 나라는 오스만 제국이야. 오스만 제국의 대표적인 술탄으로 비잔티움 제국을 멸망시킨 메흐메트 2세가 있지.

5. 오스만 제국은 튀르크의 부족 중 하나가 세운 나라야. 하지만 종교, 민족 등 출신에 상관없이 능력에 따라 사람을 대우했지.

6. 아크바르 황제는 무굴 제국을 하나로 뭉치게 하기 위해 힌두교도인 왕비와 결혼하고, 힌두교도에 대한 차별을 없앴어. ④는 오스만 제국에 대한 설명이야.

7. 무굴 제국은 유럽에 면직물, 향신료, 다이아몬드 등을 수출해 큰 이익을 얻었어.

8. 무굴 제국의 샤 자한은 타지마할을 세워 부인을 기렸어.

3-4 유럽이 새로운 세상에 눈을 뜨다

> **정답** 254~255쪽
>
> 1 ④ 2 ④ 3 ③ 4 ③ 5 ②
> 6 ① 7 ③ 8 ②

1. ④ 십자군 전쟁이 실패한 이후 농민들이 영주의 지배를 벗어나기 위해 도시로 도망치는 일이 늘어나자 장원에서 일하는 농민들은 크게 줄어들었어.

2. 알프스 이북의 르네상스는 사회와 교회에 대한 강한 비판을 했다는 특징을 가지고 있어.

3. 미켈란젤로의 〈피에타〉는 르네상스 문화의 작품이야. ③ 소와 갠지스강을 신성시한 것은 힌두교야.

4. 〈95개조 반박문〉을 써 교회를 비판한 사람은 루터야. 루터는 교회의 면벌부 판매를 비판했지.

5. 베스트팔렌 조약으로 가톨릭과 신교가 동등한 권한을 갖게 된 전쟁은 30년 전쟁이야. 30년 전쟁은 가톨릭을 믿는 나라와 신교를 믿는 나라들의 종교 갈등으로 시작되었지.

6. 콜럼버스를 지원한 나라는 에스파냐야. 에스파냐는 마젤란의 항해도 지원했지. ④ 인도로 가는 항로를 먼저 개척한 나라는 포르투갈이야.

7. (가) 콜럼버스는 대서양을 건너 아메리카의 서인도 제도에 도착했어. (나) 마젤란 일행은 최초로 세계 일주에 성공했지.

8. 대서양 삼각 무역이 이루어지던 시기에 아메리카 원주민들은 유럽인들에서 퍼진 전염병으로 인구가 크게 감소했어.

찾아보기

ㄱ
가나 128
가톨릭 161, 165, 168, 245~247
간석기 19
갑골문 28
강남 182, 185
갠지스강 109, 110
건륭제 211~212
게르만족 86~88, 157~158, 161, 164~165
경극 212
공자 39
공화정 75~77, 80~81
과거시험 180~181
관용 정책 56~57
교초 192
교황 158, 161~165, 168~170, 239, 241, 245~246
『95개조 반박문』 245
구석기 시대 18~19
국풍 128
굽타 왕조 106, 108~109, 117
그리스 페르시아 전쟁 64~65
금나라 184~185, 187, 208
기사 159~160, 169, 188
기원 16
길드 239~240

ㄴ
나일강 23~24
나침반 183, 249
남송 185, 188~189
노자 39
농경 19
농노 160~161, 239
누르하치 208

ㄷ
다리우스 58~59
당 태종 121~123
대서양 삼각 무역 252
대승 불교 104~106
대운하 119~120

도가 38~39
도요토미 히데요시 205~207
도쿠가와 이에야스 207
돌궐 121~123, 186, 219
동로마 제국 86, 88
동아시아 문화 124, 126
뗀석기 18

ㄹ
로마의 평화 82~83, 86, 88
루터 244~246
르네상스 241~244

ㅁ
마우리아 왕조 102~104, 230
마젤란 249~250
마케도니아 66, 137
만리장성 41, 47, 184, 201~202, 208
만주족 208~210
메소포타미아 20~22, 25, 55
메소포타미아 문명 20~21
메카 16, 138~139, 141, 148~150
메흐메트 2세 222~223
면벌부 244~245
모헨조다로 25~26
몽골의 평화 192
무굴 제국 228~232
무사 204~207
무함마드 139~143, 146, 149~150, 219
묵가 38, 39
묵자 39
문치주의 179~181
미라 24
민주 정치 62~63, 75
밀레트 226

ㅂ
바그다드 146~148, 219~221
바닷길 77, 138, 191, 248
법가 38~40
베스트팔렌 조약 247
베이징(대도) 190, 201~202, 211

봉건제 36, 41, 159~160, 204
불교 16, 100~107, 109, 124~126, 128, 141
브라만교 98, 106
비단길 47~48, 104, 138, 144, 190, 221
빈 224

ㅅ
사대부 181, 209
사산 왕조 페르시아 137~138, 142, 144
삼국 시대 117~118
30년 전쟁 246
상나라 27~28, 35~36
색목인 189
서로마 제국 86~88, 158, 162, 167, 241
성상 파괴령 165
세기 15
셀주크 튀르크 219~221
송나라 179~186
쇼군 204
쇼토쿠 태자 127~128
수나라 119~121, 180
수도교 82~83
수메르 20~21
수 양제 119
술레이만 1세 224~225
술탄 219~220, 222~224, 227
시황제 41
신석기 시대 19
신성 로마 제국 162, 224, 246~247
신항로 개척 248, 250~252
십자군 168~170, 239, 241, 248
싯다르타 100~101
쐐기 문자 21~22

ㅇ
아고라 60~62
아나톨리아반도 220~221
아라비아 숫자 147
아라비아반도 137~138, 142, 145
아리아인 97, 99
아소카 102~104
아우구스투스 80~81
아크로폴리스 60~61

266

아크바르 228~231
아테네 60~65
안녹산 129~130
안사의 난 129~130
알렉산드로스 57, 66~68, 105, 137, 147
알렉산드리아 67
엔히크 248~249
여진족 185, 208
역참 59, 190~191
영락제 201~203
예니체리 227
예루살렘 168~169
오스만 제국 86, 221~227, 231, 241, 248, 251
옥타비아누스 79~82
왕의 길 58~59
요나라 184~185
원나라 189~192, 199~200, 208
원로원 75~76, 80
위진 남북조 시대 118~119
유가 38~39
유방 42~44
율령 121, 125~126
이베리아반도 145~146, 157, 219
이사벨 249
이순신 206
이스탄불 85~86, 166, 222~223
이슬람 제국 142~148, 157~158, 166~167, 219, 222
이슬람교 16, 138~144, 146, 148~150, 165, 168~169, 219, 224, 226, 228~229
이집트 문명 23~24
인도 문명 25~26
인도 이슬람 문화 229
인쇄술 148, 183, 245
일본 124~128, 204~207
임진왜란 205~208

자금성 201~202
장건 47~48
장안 124~125, 130, 146, 182
장원 160~161, 239~241
적벽 117~118
전국 시대 204~206
절도사 129~130, 179
정교회 165, 168
정화 201~203
제자백가 38
제정 81
조공 책봉 관계 125~126
종교 개혁 244~247
주나라 35~37, 39, 41, 159
주 무왕 35~36
주원장 199~201
중국 문명 27~28, 35
지즈야 226
지혜의 집 148
집정관 75~76

천황 128, 204
춘추 전국 시대 37~38, 40~41, 205
칭기즈 칸(테무친) 186~188, 221

카노사의 굴욕 163
카롤루스 대제 158~159, 162
카르타고 77~78
카바 신전 149~150
카스트 97~99
카이사르 79~81
카이펑 182~183, 185
칼리프 142~143, 219
콘스탄티노폴리스 86, 166~167, 221~224
콘스탄티누스 85
콜럼버스 249~250
『쿠란』 148~150
쿠빌라이 칸 188~189, 191
쿠샨 왕조 104~106
크리스트교 57, 84~85, 141, 157~158, 161~165, 167~169, 226~227, 242, 244, 251
키루스 55~58, 137

타지마할 232
탈라스 전투 144~145

태학 46
튀르크인 219~220, 226
파라오 23~24

포에니 전쟁 77~78
폴리스 60~61, 63~66
프랑크 왕국 145, 157~159, 161
피라미드 24

하이레딘 224~225
한니발 78
한 무제 45~48, 104
한비자 39
한자 동맹 240
함무라비 21~22
항우 42~44, 212
헤지라 141
헬레니즘 66, 68, 105
홍건적의 난 199
화약 183, 224
황허강 27~28, 119
후금 208
훈족 87
흑사병 240
힌두교 106~110, 117, 228~229

사진 제공

[위키피디아]

José-Manuel Benito Álvarez (España) Locutus Borg, Mbzt, Mike Peel, Derfash Kaviani (کاویانی شفرد), Jean-Christophe BENOIST, Jakub Hałun, PericlesofAthens, Korean Culture and Information Service, PHGCOM, Marcin Konsek

[기타]

국립중앙박물관

- 이 책의 사진은 셔터스톡과 어도비스톡의 사진을 사용했습니다.
- 퍼블릭 도메인은 따로 표기하지 않았습니다.
- 이 책에 쓴 사진은 해당 사진을 보유하고 있는 단체와 저작권자의 허락을 받아 게재한 것입니다.
- 저작권자를 찾지 못하여 게재 허락을 받지 못한 사진은 저작권자를 확인하는 대로 게재 허락을 받고, 출판사 통상 기준에 따라 사용료를 지불하겠습니다.

용선생 교과서 세계사 1 | 문명의 탄생부터 신항로 개척까지

1판 1쇄 발행 2023년 12월 18일
1판 6쇄 발행 2025년 3월 17일

글	송용운, 김언진, 길병민, 한승준, 김보미, 정엄지
그림	뭉선생
감수	전국초등사회교과모임
캐릭터	이우일
어린이사업본부	이승필
편집	송용운, 김언진, 오영인, 김형겸, 윤선아
마케팅	윤영채, 정하연, 안은지, 박찬수, 강수림
경영지원	나연희, 주광근, 오민정, 정민희, 김수아, 김승현
디자인	가필드

펴낸이	윤철호
펴낸곳	(주)사회평론
전화	02-326-1182
팩스	02-326-1626
주소	03993 서울시 마포구 월드컵북로6길56 사평빌딩
용선생 클래스	yongclass.com
출판등록	1993년 10월 6일 제10-876호

© 사회평론, 2023

ISBN 979-11-6273-318-9 73900

- 이 책 내용의 일부나 전부를 다시 사용하려면 사회평론의 동의를 받아야 합니다.
- 잘못 만들어진 책은 구입하신 곳에서 바꾸어 드립니다.

이 제품은 KC안전기준을 통과하였습니다.